KB221076

읽기

읽기

가야트리 차크라보르티 스피박

안준범 옮김

감사의 말

라라 초크세이가 없었다면
이 책 작업을 해내지 못했을 것이다.

가야트리 차크라보르티 스피박

편집자 노트

이 책은 2012년 5월 23일부터 26일까지 아니켓 자와레 교수의 초대로 푸네 대학에서 열린 연속 세미나의 소산이다. 우리는 자와레 교수가 이 프로젝트에 준 도움에 감사를 전한다.

차례

서문

이 책은 학생과 교사 사이에 있었던 일련의 감응에서 비롯되었다. 2012년 5월 가야트리 차크라보르티 스피박은 푸네 대학 학생들과의 세미나를 주관하며 보낸 나흘간의 교육 무대에서 그들에게 책임을 다했다. 집담회와 수업 사이에 세미나들이 있었는데, 낯선 학생들을 상대로 한 것이지만 엄밀하면서도 학생 개개인에 맞춘 가르침이, 한 명의 이주자 교사에 의해 자신의 여권 발행 국가에서 수행되었다. 이런 사정을 그녀는 "푸네에서 저는 제가 시민 대 시민으로 말하고 있다 느꼈어요"라고 술회한다.[1] 이로부터 나온 것이 프란츠 파농의 『검은 피부, 하얀 가면』, J. M. 쿳시의 『서머타임』, 엘리자베스 개스켈의 『남과 북』 읽기 그리고 스피박 자신의 에세이인 「잘못을 바로잡기」와 「세 여성의 텍스트와 제국주의 비판」 다시 읽기다.

푸네에서 강의실은 학생들에게 책임을 다해 반응한 스피박이 읽는 하나의 텍스트가 되었다. 『읽기』가 '인도'의 상상력을 훈련시킬 미래의 훈련자들에게—오직 인도의

1 Gayatri Chakravorty Spivak, "The Practice of Freedom Is Not Impractical", plenary lecture for the Annual Conference, L'Association Internationale de Littérature Comparée (AILC/ICLA), University of Paris-Sorbonne, France, 20 July 2013.

장벽들 내에서만―가르침을 주는 것으로, 시민들이 나누는 일종의 기술 교류로 비칠 수도 있겠지만, 스피박은 상이한 일군의 규칙을 따르고 있는 것이기도 하다. 그녀는 자신의 상황과의 동일시―"착오에 빠진 주체를 구성하는 것"―를 표시하면서도 그 상황을 넘어 나아갈 가능성을 시사한다. 그녀는 자신이 어떻게 하나의 무장벽 세계의 비-장소에 다다를 수 있는지를 보여 주기 위해 장벽들 안의 한 장소를 자신에게 지정한다. 요컨대, 중재하는 파괴를 요청하는 과제.

이 책을 편집하는 동안 나는 『스테이츠먼』 지면에 동부 콜카타에 있는 어느 단지에서 수백 명의 주민을 대상으로 퇴거 조치가 시행된 것에 관한 기사를 냈다. 콜카타 도시 개발청KMDA은 그 단지에서 개발업자가 복합 건물을 지을 수 있도록 무단 거주자들을 내보내려 했다. 퇴거 대상이 된 대부분의 주민은 그 단지의 임시 주거지에 정착해 있던 일용 노동자들과 그 가족이었다. 퇴거 통보를 받은 그들은 단지를 떠나기보다는 오히려 주거를 위한 운동을 벌였다. 그들은 시위와 단식 투쟁에 나섰고 주 정부에 재건 청원을 냈다. 주 정부는 폭행, 감시, 투옥 같은 폭력으로 대처했다. 주민들은 버텨 냈다.

당시 KMDA 청장은 인도 헌법을 내세워 주거 대안을 제공할 수 없다는 주 정부의 거부를 정당화했다. KMDA가 그 단지와 거주자들을 에워싸고 지어 놓은 3미터 높이의 콘크리트 벽 앞에 서서 그는 "헌법에는 이 사람들이 주거권을 갖는다는 내용이 전혀 없어요"라고 말했다. 그는 내게 "헌법을 제대로 읽어 보기나 했나요?"라고 물었다.

청장은 헌법의 자유권 부분에 있는 19조를 언급했다. 19조의 두 항에는 시민이 "어디든 자유롭게 이동할" 권리와 인도 영토의 "어디서든 거주하고 정착할" 권리가 서술되어 있다. 시민은 이 권리들을 자유롭게 행사하는 한편 "공익에 따라 혹은 지정 부족 보호를 위해" 규정될 수 있는 "합리적 제한들"에 복종한다.[2]

내가 헌법을 제대로 읽었더라면 정착할 권리가 자신의 것이라고 주장하는 저들에게 청장이 "공익에 따라" "합리적 제한들을" 부과하고 있으며 시 행정가로 임명된 자리의 역할을 다하고 있는 것임을 이해했을 텐데. 시 정부의 읽기에서는 퇴거당한 주민이 공익의 당사자인 '공중'에 포함되지 않았다. 청장직은 이러한 읽기에 이의를 제기하는 것이 아니라 그것을 실천으로 옮기는 자리였다. 퇴거당한 주민은 헌법 조항 바깥의 자리에, 대안도 없이, 남아 있을 권리도 없이 붙잡혀 있었다.

이 스토리는 흔해 빠진 일로 굳어졌고, 대지 구획 정리 작업에서 써먹을 수 있는 사례가 되었다. 시 정부의 해석이 배제 정책으로 이미 전환된 마당에 지역 현장에서 다시 읽기를 해 봐야 무슨 소용이 있겠는가?

푸네에서 학생들은 유사한 상황을 묘사했고, 전국적인 개발 모델이 전반적으로 가망이 없다는 느낌을 피력했다. 그들은 '무엇을 할 수 있겠는가?'라고 물었다.

스피박은 일반적인 해법을 제공하기보다는 위험을 감

2   Article 19, *Constitution of India* (1950), Available at: http://lawmin.nic.in/-olwing/coi/coi-english/Const.Pock%202Pg.Rom8Fsss(6).pdf(2014년 4월 16일 최종 확인).

수하는―보장은 없고 내밀한―하나의 형태를, 사유와 행동 사이에서 하나의 협상―자유의 가능한 실천이 출현할 수 있는 그런 협상―을 제안한다. 그런 내밀한 위험-감수는 의지가 잘 실현되는 걸 가능하게 해 줄 수 있는 방식으로 이루어진다. 이 지점에서 보편화할 수 있음은 특수함에 대한 조심스러운 주목을 통해 우발적으로 도출될 수 있을 것이고, 보편화할 수 있음과 특수함은 상호 작용한다.

청장의 질문에 대한 지연된 답변이라는 차원에서 나는 헌법의 자유권 부분에 대한 멋대로이긴 하지만 조심스러운 읽기를 시도하고, 퇴거당한 주민이 헌법을 전유하는 모습을 상상한다. 동부 콜카타의 그 단지에서 버텨 냄으로써 그들은 제한된 구역에 거주하기, "허가받지 않고 살기", "빌려 온 자원"을 사용하기라는 가르침을 주었다.[3] 나는 그들이 제대로는 아니더라도 조심스럽게 자유권 부분을 읽고 자신이 거기서 축출당한 걸 알아차리는 모습을 상상한다. 그리하여 나는 헌법 조문을 가지고 "자신의 내밀한 위험-감수에 나서 결국 끌려 나가는 걸 각오한"[4] 집단을, 허가받지 않고 (공중)의 괄호 안에 자신을 하나의 임시 집합체로 삽입하는 개인들을 보게 되는 것이다. 이러한 맞서-읽기를 통해 다시 들어서면서 나는 하나의 등가 행위를 감지한다. 이렇게 함으로써 퇴거당한 주민은 헌법에 대

---

3 Spivak, "Reading *De la grammatologie*", preface to *Reading Derrida's "Of Grammatology"*, Sean Gaston and Ian Maclachlan eds., London: Bloomsbury Academic, 2011, pp. xxix~xxxix, 이 대목은 p. xxxii.

4 Ibid.

한 시 정부의 읽기가 자신에게 지정한 자리—이들이 적법성 바깥에서 살아가는—에서 자신에게 할당되지 않은 어떤 자리로 이동한다. 그렇게 이들은 자신이 합법적 정착에 포함된다고 암시하는 것이다. 헌법 조문은 교차 지점으로 변모하며, 국가적인 법규 안에 있는 국지적인 간극이 노출된다. 이런 내밀한 위험-감수는 되찾은 국토에서 이루어지는 국민-건설과는 상이한 장에서 실행된다. 이 위험-감수는 자체적인 법을 세우지도 않고 기존의 법을 파괴하려 하지도 않는다. 차라리 그것은 언어 안에 있는 공간을 활보하고자 그 공간에 대한 제한과 공모하게 된다.

이것이 푸네에서 스피박의 과제일까? 그녀는 자신을 메트로폴리스 이주자로, 즉 강의실이라는 텍스트가 자신에게 제안하는 주체 위치로 세운다. 그녀는 이러한 정형성을 자신이 말한바 "과거가 선호되거나 욕망되는 영향력이 되게 하려는 것에 맞서는 하나의 필요한 정치적 방어"로 제공한다. 스피박은 그녀답게 인도에서의 민족주의적인 정체성주의 투쟁을 펼쳐 보인다. 요컨대 한편에서는 갈라짐 없는 국민-건설을 목적으로 영어를 부정하고, 다른 한편에서는 영어를 하나의 전제 조건으로 하는 국민화된 글로벌 멤버십에 유리하도록 인도 언어들을 무시한다는 것이다. 그녀는 학생들이 영문학 훈련을 사용해 여타 인도 언어들로 들어가길 권장하는데, 그렇게 함으로써 학생들은 "창안된 등가성 원칙"과 조우하고 "한낱 민족주의의 소유하려는 속성, 배제하려는 속성, 고립주의적인 팽창주의"를 침식할 수 있을 터이다.[5]

푸네에서 그녀는 자신을 이렇게 세우도록 이끈 역사를

묘사하고, 이러한 정형성을 텍스트 안에서 실행한다. 그러
곤 정형성 너머로 이동해 '세계 형성'worlding이라는 하나
의 과제를 제안하는 데 이른다. 말하자면 통찰을 도구로 전
환시켜, 자유의 어떤 가능한 실천을 통해 그리고 그 실천
안에서, 하나의 세계를 만들라고 제안하는 것이다. 이러한
과제에서 언어 장벽들에는 흔한 것들의 숨겨진 프런티어
들의 흔적이 기록될 수 있다. 여기서의 가르침들은 하나의
한정된 언어를 밝혀내며, 그리하여 독자에게 텍스트와 현
장 사이에서—착오를 수반하는—움직임을 협상하라고
청한다.

라라 초크세이

2014년 4월

5 Spivak, "Nationalism and the Imagination" in *An Aesthetic Education in the Era of Globalization*, Cambridge, MA: Harvard University Press, 2012, pp. 275~300, 이 대목은 p. 285(「민족주의와 상상력」,『지구화 시대의 미학 교육』, 태혜숙 옮김, 북코리아, 2017, 438~439쪽).

일러두기

1 본문에서 옮긴이가 첨가한 내용은 대괄호로 묶어 표시했고, 인용문에서 지은이가 첨가한 내용은 '—스피박'으로 표시해 옮긴이 첨언과 구분해 주었습니다.
2 원서의 이탤릭체는 고딕체로, 대문자는 볼드체로 표시했습니다.
3 단행본, 잡지, 신문에는 겹낫표를, 논문, 시, 단편 소설, 영화 등에는 낫표를 사용했습니다.

서론

"스피박은 인도에 관해 충분히 말하질 않아"라고들 해요. 뉴욕에서는 "근데 있잖아, 그녀가 뉴욕에 속한 것 같질 않아"라고들 하지요. 제가 벵골 사람이다 보니 의도한 건 아니더라도 종종 타고르의 영향 아래 움직이곤 합니다. 올해가 타고르 탄생 150주년인데, 벵골 중간 계급이었던 그는 "나는 나라에서 나라로 이어지는 자리를 갖는다"Deshe deshe mor ghor achhe라며 어떤 자리를, 어떤 여지를 말한 바 있지요. 벵골어의 고르ghor와 힌디어의 가르ghar가 아주 똑같지는 않습니다. 이는 하나의 언어 장벽border인데 남쪽으로 내려가면 장벽들의 투과성이 떨어져요. 아주 오랫동안 제가 걱정했던 건 인도의 남-북 분할을 횡단하는 진지한 비교 문학이 없다는 점이었지요. 그것을 위한 시장이 없는 겁니다.

우리는 영어 안에서는 무장벽인borderless 나라입니다. 우리 중 어떤 이들에게는 무장벽의 나라인 것이지요. 벵골 사람이자 인도 사람인 제 유년 시절에 상처를 남긴 장벽 세우기가 있었는데요, 그건 다른 유형의 장벽이었어요. 저는 [1942년에] 영국령 인도에서 태어났습니다. 1947년에 인도-파키스탄 분할이 있었고요. 방글라데시와 인도 사이에 있는 토바 텍 싱Toba Tek Singh을 걸어서 건너다 저 장벽을 보았던 겁니다.[1] 고르지 못한 바닥 위에 있는 나무 판에 노란색 페인트로 바라트Bharat(인도)라는 벵골어 글자가 적혀 있었어요. 뒤돌아보니 햇빛에 바랜 푸른색 목재 표지판이 있고 거기에 '귀하는 방글라데시로 들어왔습니다'Gonoprajatantrik Bangladesh Sarkar라고 적혀 있더군요. 그 사이가 토바 텍 싱이었던 것이지요. 방글라데시 국경을 건너 인도 국경 초소로 가는데, 교육 수준이 높지 못한 인도 공무원들이 제 나라로 가는 제게 비자를 요구했습니다. 저는 인도 여권을 소지하고 있는데요. 이 대목에 있었던 것은 하나의 계급 장벽입니다. 오직 방글라데시 하층 계급만이 콜카타의 실다Sealdah 역으로 향하는 3등 열차에 타고 다르샤나Darshana-게데Gede 국경 지대를 건넜으니까요.

이것은 계급 장벽 중에서도 상대적으로 양호한 사례지요. 제 글에서 언급하는 계급 아파르트헤이트는 제가 살던 서벵골주에서 목격한 것입니다. 계급 아파르트헤이트는 제가 다닌 농촌 학교들에만 있던 것이 아니에요. 그것은 농촌의 하층 계급 전부와 이들보다 상위의 모든 것 사이에 있지요. 제가 살던 주에서 거의 30년 전에 목격한 교육에서의 이러한 계급 아파르트헤이트가, 원컨대 인도의 모든 주에서 반복되지 않았으면 싶지만, 아무래도 그럴 것 같아 두렵군요. 그것은 인도의 수치 중 하나인 1,000년 된 카스트 장벽의 치환이지요. 물론 이 모든 것은 우리가 나머지 인류와 공유하는 젠더 장벽들로 인해 복잡해져요. 그렇게 카스트

1 Saadat Hasan Manto, "Toba Tek Singh", Khalid Hasan trans. in *Memories of Madness: Stories of 1947*, New Delhi: Penguin India, 2002, pp. 517~523.

장벽은 인종, 계급, 젠더와 교차합니다. 세계의 다른 곳에서도 그렇듯이 인도에서 우리는 많은 내재적 장벽 아래 살아가지요. 그와 같은 장벽들은 저마다의 문명과 역사에 종별적이고요. 그것들은 역사의 서사들을 가로지르며 거시논리적으로 작동하는 동시에 우리의 일상성 안에서 작동하는데, 뒤에서 두 편의 시를 읽으며 그중 하나를 살펴보겠습니다.

장벽이란 무엇일까요? 물론 그것은 흔히 갈등적으로 국민 국가들의 윤곽을 정하는 지리적 경계들입니다. 이러한 경계들에 우리는 계급, 젠더, 카스트의 내재적 장벽들을, 그리고 건강, 교육, 복지, 육체 노동뿐 아니라 정신 노동에 대한 권리를 추가합니다. 인도-파키스탄 분할에 따른 시련을 겪고 있던 무렵의 저는 아프리카를 생각하기에는 너무 어렸어요. 자의적으로 그어진 국경들이 아프리카의 공간 원칙들을 침해했고 무장벽 상태를 불가능하게 만들었음을, 그리고 이런 사실이 인도에서의 논의를 다른 방향으로 이끌 수도 있었음을 지금은 알고 있지요만. 내가 사는 구석이 세상의 전부라는 생각에 갇혀 있던 어린 우리는 여전히 맥마흔 라인—대영 제국이 [1914년 3월에] 세운 국경—이 갈등을 조성하던 시절 네루와 저우언라이가 손을 잡았던 바로 그때 장벽을 넘어서는 우정을 경험했지요.

저는 1961년에 인도를 떠났어요. 인도-중국 충돌은 1962년에 발발했지요. 인도에서 전쟁이 벌어졌다는 걸 들으면서 저는 장벽들은 허구라고 생각했어요. 애당초 제 생각은 자연적 경계가 아니라면 땅에는 표시가 없다는 것이었습니다. 제가 팔레스타인을, 곪아 터진 카슈미르를 보면서 주목하는 건 이 알량한 상식이 역사에 의해 어떻게 복잡해지느냐입니다. 그러므로 허구에서 배우는 우리는, 모든 상반되는 사실에도 불구하고, 무조건적 환대의 무장벽 세계를 사유해야만 합니다.

왜 이렇게 해야 할까요? 저는 인간이라는 존재가 윤리적으로 태어나기 때문이라고 생각하곤 했어요. 그렇게 태어나지는 않더라도 최소한 인간에게는 유아기에 제1언어를 배울 때 이성에 앞서 윤리적인 기호 체계가 발달하지요. 저는 여전히 이것을 어느 정도는 확신하지만, 윤리적인 것을 향한 가능한 충동이, 모든 생명체creaturely life에게서 작동하는 비파생적인 이기심에서 멀리 떨어져 나와 활성화되어야 한다고도 생각합니다. 제가 '생명체'라고 말한 이유는 인간 종 중심주의자human racist가 되지 않으려 노력하기 때문이에요. 이러한 활성화에 문학 교육이 커다란 도움이 될 수 있어요. 교사가 상상력에 직접 관여하니까요. 문학 교사는 이것 말고는 가르쳐야 할 그 어떤 것도 갖지 않아요. 만약 우리가 문학사를 가르친다면 분과 학문으로서의 역사학을 모델로 삼겠지요. 만약 우리가 문학을 증거라여기고 가르친다면—프란츠 파농조차 문학을 증거로 사용합니다—이는 사법적 모델 등등에 입각하는 것이고요. 하지만 우리 스스로는 상상력 훈련 이외에 관여할 것이 전혀 없어요.

우리 자신의 에피스테몰로지 수행epistemological performance을 변화시킬 수 있는 것은 오직 상상력 훈련 덕분이에요. 달리 말해 우리가 변화시키는 것은 앎을 위해 우리가 대상들을 구축하는 방식인 것이지요. 가장 단순한 방식으로 상상력에 관여함으로써 우리는 우리 자신의 이해 관계를 텍스트에 등장하고 있는 언어 안으로 유예시켜요. 그 텍스트는 흔적으로 남은 또 다른 목소리의 텍스트고, 그 목소리는 텍스트의 생산자로 여겨지는 이의 목소리인 것이고요. 제가 이 단어들—'흔적', '텍스트', '목소리'—을 사용하는 이유는 상상력의 유용성이 오늘날 우리가 '문학'이라고 인정하는 것에 국한되지 않기 때문이에요. 우리가 '문학적인 것'이라 불러도 좋을 요소는, 자기-이해 관계에서 빠져나오도록 상상력을 훈련시키는 그 요소는 모든 문명의 과거에 여러 모양과 형식으로 실존하지요. 오늘날 무장벽 세계를 사유하면서 우리는 가장 넓은 의미에서의 읽기를 배우는, 영화와 비디오그래픽과 하이퍼텍스트를 포함하는 가장 넓은 의미에서의 문학적 훈련을 통해 상상력을 사용해야 합니다.

평서문에 의문 부호를 다는 것이 바로 상상력의 임무예요. 에피스테몰로지 수행을 위한 상상력 훈련이 초점을 맞추는 세부는 더욱 직접적인 문제로 보이는 것을 풀어 보려 하는 사람들의 이목에서 대개 벗어나요. 타고르와 간디의 서신 교환에서 드러나는 시인의 면모와 변호사의 면모에 주목해 봅시다. 타고르는 단호해요. 상상력들이 합쳐질 수 있는 유일한 길은 자기 자신만을 위하지는 않는 지출인 낭비하는 지출bajey kharoch에 있다고 말하지요. 반면에 간디는 이렇게 말합니다. "문학적 훈련은 그 자체로는 누군가의 도덕적 높이를 단 1인치도 더 키워 주지 않으며 인격 형성은 문학적 훈련과는 독립적이라는 점이 제 경험상 충분히 입증되었습니다."[2]

21

이 서신 교환은 중요합니다. 다시 말하지만 평서문에 의문 부호를 다는 것이 바로 상상력의 임무예요. 에피스테몰로지 수행을 위한 상상력 훈련이 초점을 맞추는 세부는 더욱 직접적인 문제로 보이는 것을 풀어 보려 하는 사람들의 이목에서 대개 벗어나요. 세부를 향한 이목이 존재하지 않는다면 어떤 혁명도 지속되거나 고양될 수 없지요. 이것이 특히 중요한 이유는 약이 되는 모든 것은 이 약을 사용하는 개인 또는 집단이 언제 어떻게 얼마나 사용할지를 알도록 훈련받지 않는다면 독으로 변할 수도 있기 때문이에요. 혁명을 지속시키는 상상력 훈련이 바로 그래요. 상상력 훈련은 광역적인 정치적 묘사가 아니라 실천의 미시 논리에 준거합니다.

이는 이른바 기업의 사회적 책임에서 분명해집니다. 어떤 사기업의 일부 전시용 특성에서 사회적 책임이 뚜렷이 드러날 수도 있지요. 하지만 오늘날의 사기업은 무장벽(국경 없는) 자본의 수행적 모순에 붙잡혀 있어요. 따라서 사기업이 자신의 금융 및 경제 정책을 국가와 그 인민의 복지를 위해 그리고 세계의 복지를 위해 최대한 사용하는 것은 가능하지 않아요. 그러므로 대체로 사회적 책임이란 자본주의가 얼마나 많이 모면할 수 있는지에 대한 계산입니다.

저는 크로아티아에서 오는 길이에요. 사회주의 소멸 이후 수년이 지난 지금 발칸 포럼은 사유화의 불공정함을 세

2 Mohandas K. Gandhi, "The Poet's Anxiety" in Sabyasachi Bhattacharya ed., *The Mahatma and the Poet: Letters and Debates between Gandhi and Tagore, 1915~1941*, New Delhi: National Book Trust, 1997, p.66.

상에 가르치려 노력하고 있어요. 비록 노동이 글로벌 세계에서 더 이상 저항의 원동력이 아니라 하더라도, 발칸 같은 포스트사회주의 공간에서 노동 계급 다수가 그와 같은 가르침을 주려 시도하는 중이라는 점이 제게는 중요해 보여요. 제가 이렇게 첨언하는 것은 인도-미국 회로 바깥의 소식을 전하기 위함입니다. 이렇게 하지 않으면 우리는 내내 그 회로 안에서 맴돌 테니까요. 발칸 포럼이 늘 유감스러워했던 것은 아무도 발칸 사람들의 말을 유럽의 목소리로 들어 주지 않는다는 점이었어요. 저는 그 포럼에서 지적했어요. 노동 운동에서 사유화에 반대하는 작업과 제가 가장 긴밀하게 연계되어 있는 곳은 방글라데시라고요. "여러분은 누군가가 방글라데시 사람들의 말을 글로벌 자문관으로 들어 준다고 생각하시나요?"라고 발칸 포럼에서 물었지요. 그러면서 그들에게 주장했어요. 저 위에 있는 유럽을 쳐다볼 것이 아니라 저 아래에 있는 서발턴들 사이에서 집단성을 찾으라고요.

숙고해 보지도 않고 폭력을 용납하거나 심지어 보증하는 지식인이 많습니다. 폭력을 사용해 정치체에 변화를 초래하고 장벽들을 공고하게 다진다면, 이는 새로운 국민을 파괴할 유독성 습속이 되리라는 것을 평화 지향의 작업을 하는 이들은 알지요. 거듭 말하거니와 어떤 갈등에서든 폭력으로 이기는 대신 평화적인 사회 정의를 향한 의지를 갖도록 상상력을 훈련하는 것은 꾸준히 세부에 주목하고, 자신을 다른 사람 또는 다른 사람들의 이해 관계 쪽으로 유예하기를 꾸준히 훈련함으로써만 비로소 실현될 수 있을 겁니다.

이것이야말로 문학적 읽기 훈련이 문학에 대한 인습적 정의 너머에서 제공해 주는 바로 그것입니다. 요컨대 타자의 언어에 대한 인고의 배움이지요. 또한 이러한 훈련은 문화적 육성rearing을 관통하며 이루어질 수 있습니다. 문화적 육성이란 흔히 젠더와 계급이라는 측면에서 타협된 것이에요. 달리 말해 오직 여성과 하인만이 다른 사람들에 대해 생각해야 하고, 나리님babu과 그 도련님은 자신에 대해 생각하며, 일반적으로 퀴어는 숨어 지낸다는 그런 것들이지요. 이것이 인도를 겪어 본 저의 일반적인 묘사예요. 저 자신이 속한 계급에서 여성과 하인에 대한 대우가 얼마나 차이 나는지를 보는 것, 도련님과 나리님의 행태가 어떠한지를 관찰하는 것은 흥미롭습니다.

문학적 읽기는, 기회가 주어진다면, 이런 것을 해지undo 할 수 있어요. 더구나 인도에서만 그렇게 할 수 있는 것도 아니지요. 저는 전 세계로 강연을 다니는데 객실 청소를 하는 이를 눈여겨보는 사람은 아무도 없어요. 크로아티아 강연에 앞서 이탈리아에 갔어요. 이탈리아의 어느 유서 깊은 사회주의 단체에서 강연을 했지요. 강연을 마치고는 라스 칼라 극장으로 초대받았는데 프라다 특별석을 잡아 주더군요. 음악은 근사했어도 짜증 나는 저녁이었습니다. 초청자의 저택으로 돌아와 보니 거기에 저 말고 남아시아 사람이라곤 스리랑카 출신의 도우미 두 명뿐이었어요. 문학적 교육이란 이 교육을 받지 않았더라면 간과할 이런 세부들에 주목하도록 이끌 수 있는 그런 것이지요. 이런 것이 무장벽 세계에 대한 질문의 의문 부호입니다. 가장 넓은 의미에서의 교육이란 민족주의를 키우는 것일까요—저는 인도에 관해 충분히 말하지 않고 뉴욕에 충분히 있지도 않는데 말이지요—아니면 무장벽 자본의 수행적 모순을 억제하는 어떤 권역주의regionalism를 키우는 것일까요?

우리가 무엇을 계획하든 미래는 나름의 방식으로 그것을 다룰 겁니다. 계획을 세울 때 우리는 이러한 결정할 수 없음undecidability을 위한 여지를 남겨 둬야 해요. 이것이 전미래future anterior지요. 이것 역시 의문 부호로 표시됩니다. 어떤 일이 일어나긴 하겠지만, 지금 우리가 알 수는 없어요. 그러니 잡히지 않는 전미래를 고려하면서 우리 스스로 상기해야만 해요. 사람들 사이에서 정의를 향한 의지를 전반적으로 키우지 못한다면 무장벽 세계란 있을 수 없으며 소국과 대국의, 부국과 빈국의, 채무국과 채권국의 파워 플레이를 끝장낼 수도 없다는 점을요. 그러므로 복지 세계의 무장벽성에 대한 그 어떤 사유든, 자본주의 특유의 글로벌화와 국민 국가의 결합을 깨뜨리는 것에 주목함과 아울러 교육에—초등 교육에서 고등 교육까지—주목해야만 합니다. 이는 특히 매우 복잡하고 긴요한 즉각적인 임무가 줄지어 있을 때라면 유념하기가 거의 불가능한 임무지만, 그럼에도 되풀이되어야만 하는 임무예요. 이러한 주목이 없다면 정의를 향한 의지가 정치적 승리 이후에 살아남을 기회도 없으니까요.

우리는 영문과에 있어요. 우리 나라에서 영문학 교육 전통은 굳이 제가 반복할 필요가 없는 이유들 덕분에 막강하지요. 물질적인 이유로 인해, 또한 이와 무관치 않은 영문학에 대한 헌신으로 인해 불행히도 인도 지역어 작품의 생산과 소비에 대한, 실은 질에 대한 관심이 저하해 왔어요.

다른 한편으로는 상황이 이렇다고 해서 영문학 연구에서 지금 우리가 도달해 있는 탁월함을 폄훼하고, 지난 몇 세기 동안 우리가 발전시켜 온 어떤 것을 내던질 수는 없다는 것이 제 생각입니다. 진짜 해법은 오늘날의 정교한 글로벌 영문학을 폐기하기보다는 차라리 인도 언어들의 비교 문학을 지지하는 길을 찾아내는 데 있을 겁니다.

포스트식민적인 학생과 지식인 첫 세대인 우리는 나라가 독립했을 때 영어를 주인의 언어보다는 오히려 그저 또 하나의 다른 언어로 보겠노라 다짐했어요. 글로벌 상황 때문에 이것은 물론 가능하지 않았습니다. 그렇지만 세계 전역에서 우리는 아시아의 세기 운운을 듣고 있고, 그리하여 불과 몇 년 전에 초강대국 미국의 부에 관해 읽었던 자료가 오늘은 전혀 진실이 아닐 정도가 되었지요. 환유적으로 말해 여기서 아시아는 인도와 중국이에요. 하지만 인도가 정말이지 아시아의 세기의 떠오르는 강국 중 하나라면, 이데올로기적으로는 민족주의적이고 목표는 자본주의적인 교육을 지지하는 우를 인도가 범하도록 해서는 안 됩니다. 우리가 나라의 의제로 올려야만 하는 것은 사회 정의를 향한 의지를 천천히 세심하게 건설하는 일이에요. 여러 세대에 걸쳐 이루어질 일이지요. 자본주의 글로벌화를 전위주의적으로 통제하고 그 글로벌화에서 주도적인 역할을 견지하려는—이것이 1990년대 이후 우리 나라 지배 계급 최상층의 주요 관심사였지요— 부단한 전략 수립에 요구되는 속도로 말이에요.

정치적 정보를 설명하는 것 혹은 정보권을 주장하는 것에만 근원적인 강조점이 놓여서는 안 됩니다. 정보로는 충분치 않아요. 정보를 다룰 수 있는 정신을 훈련해야 합니다. 정보 통제는 『이코노믹 앤드 폴리티컬 위클리』 지면의 인간미 넘치는 이야깃거리들로 이어지지요. 반면에 근원적인 강조는 정신의 습속을 바꾸려는 시도들에 놓여야만 해요. 이를 위한 최상의 무기는 여전히 문학 교육이에요. 그런데 이 교육은 불문학도 독문학도 아닌 영문학 연구에서 세계적으로 가장 발전했지요. 제가 긍정적 사보타주 affirmative sabotage라는 개념에 관해 말한 것은 바로 이러한 맥락에서였어요. 이 개념을 본문에서 전개해 보겠습니다.

우리는 인도 언어들의 비교 문학을 위한 더 많은 재정 지원을 요구할 줄 알아야 해요. 다른 자리에서 저는 이런 유형의 요구를 일반적인 불의와 전쟁 중인 한 국민의 윤리적 보건에 대한 염려라고 불렀지요. 이는 일종의 무장벽성을 장려하면서도 언어적인 장벽들을 보존해 줄 겁니다. 이 장벽들은 뚫고 들어갈 수 없음의 표시라기보다는 건널목과 같은 거예요. 살아생전에 볼는지 모르겠으나 저는 이것을 특히 학생들에게 꾸준히 주지시키지요. 제가 제안하는 것은 글로벌화의 희생자 자리에서 출발해 일종의 무장벽 인도인으로 옮겨 가자는 겁니다. 장벽들에 세심하게 주목해야만 한다는 수행적인 모순을 상기하면서요. 영어를 여전히 매개로 삼는 어떤 계몽된 비교 문학의 토대가 바로 이 수행적인 모순이에요.

우리가 이러한 유토피아를―물론 결코 찾을 수 없는 이것을―찾는 일에 착수할 때, 우리는 자본이 자유롭게 로밍되는 그곳에 이미 하나의 무장벽 세계가 실존한다는 것을 깨닫지요. 미국과 유럽에서 작금의 금융 위기는 규제받지 않는 자본이 금융 자본을 국경〔이라는 장벽〕 너머 안팎으로 대출과 대부를 반복하며 굴려 자기 덩치를 기하급수적으로 불리다가 결국엔 증권화된 대출을 무제한으로 판매해 발생한 리스크를 국제 자본이 감당할 수 없는 지경에 이르자 터져 버린 겁니다. 이처럼 국경을 건너는 것은 국경이 그대로 유지되는 걸 필요로 하지요. 이는 국민 국가에 기반을 둔 통화들의 차이를 보존하려는 거예요. 이 통화들은 G20이라는 글로벌 북부와 글로벌 남부에 의해 격차가 더 벌어져요. 통화들의 차이가 없다면 금융 자본의 토대인 환투기가 번창할 수 없겠지요. 예컨대 조지 소로스 같은 유명한 자선 사업가들이 벌이는 환투기 따위 말입니다. 이러한 가상적이고 전자적인 분할들이 더 인습적인 장벽들에 추가된 결과로 자본은 디지털 무장벽 방식으로 장벽들을 넘어 다닐 수 있는 겁니다. 글로벌화의 유기적 지식인인 우리는 이것을 비교 문학의 모델로 사용할 수 있어요. 상상력 훈련으로 위기를 해지하는 비교 문학인 것이지요. 이것 역시 일종의 긍정적 사보타주입니다.

도덕적인 의미 바깥에서 무장벽성은 장벽 없는 상태이기 위해서는 모종의 장벽이 필요해요. 이주―미국에 사는 이라면 무시할 수 없는 것―의 문제 틀 전체가 이 수행적 모순 안에 있어요. 뉴델리의 미국 대사관 주변에 둥그렇게 늘어선 줄, 또는 그린 카드를 받으려고 뉴욕의 연방 청사 주변에 둥그렇게 늘어선 줄을 떠올려 보세요. 자본이 산업 안전이나 보험 급부를 제공하지 않아도 되는 초저임 노동을 내버려 둘 리가 없지요. 미등록 이주 노동이 새로운 서발턴 사회 집단입니다. 그런데 인종화('저들은 유럽계 미국인이 아니야')와 성별화('저들은 아이에게 미국 시민권을 마련해 주려고 미국에 와 아이를 낳는 거야')에 따른다면 이주 노동이 추방되어야만 해요. 이것 역시 하나의 모순이지요. 자본은 불환 통화가 불환으로 유지되는 것이 필요합니다. 그러므로 노동은 태환 통화가 손짓하는 곳인 프런티어를, 위장하고, 건너가야만 해요. 국경이 아니라요.

국경과 프런티어의 차이는 다수의 하층 계급 미등록 이주자에게는 너무나 잔혹한 것입니다만, 이 차이를 모녀 사이의 조크를 통해 설명해 보겠습니다. 아시다시피 유럽에서 아메리카로 가는 최초의 경로가 확보된 것은 콜럼버스가 그것을 동양과 서양을 잇는 경로라고 착각했기 때문이지요. 그런데 콜럼버스의 착각이 역으로 뒤집혀, 일반적 주체이자 중립적 주체인 차크라보르티들이 미국으로 재영토화되었어요. 사실 차크라보르티라는 그 이름은, 어디든 갈 수 있고 말하자면 그래서 비자도 필요 없는 차크라 즉 자유로운 바퀴를 가졌다 해서 왕에게 주어졌던 이름입니다. 오빠의 피부양인인 엄마는 미국 여권을 갖고 있었지만 제게는 없었어요. 그러니 엄마에게 이렇게 말할 만하지요. "엄마 같은 미국인들은 지금의 차크라보르티들이야. 어디든 갈 수 있잖아"라고요. 엄마는 저를 데리고 여행하며 국경을 건넜지만, 제가 건넜던 것은 프런티어였습니다. 엄마가 멀찍이 떨어져서 가면 "나랑 떨어지면 안 돼"라고 말하겠지요. 저 사람들이 제 여권과 얼굴을 쳐다보고 심지어 때로는 "넌 이 나라에 친척이 있니?"라고 물을 테니까요. 그러면 저는 말하겠지요. "네, 바로 저기요, 국경 건너에요. 절보내 주세요"라고요. 왜냐하면 엄마가 미국 여권을 갖고 저기에 앉아 있으니까요. 간단히 말해 이게 프런티어와 국경의 차이예요.

이러한 유비를 문학 연구 쪽으로 끌어가 보겠습니다. 제제안은 안토니오 그람시가 '자본주의 글로벌화의 유기적 지식인'이라고 불렀을 그런 것이 부득이하게 되어야 한다면, 대리 보충supplement한다는 정신으로 그렇게 하자는 거예요. 가능한 세계 중 최상의 세계 안에서, 어떤 문학적 무장벽성의 수행적 모순들은 무장벽인 듯이 보이는 자본의 사회적 생산성뿐 아니라 잔혹성도 대리 보충합니다. 대리 보충하기의 개요에 해당하는 것을 우리는 알고 있지요. 이를테면 대리 보충은 채워야만 하는 틈의 정확한 모양을 알고 있다는 것을요. 이 틈은 그냥 빈칸이 아니라 텍스트적인 빈칸이에요. 비평적 거리보다는 비평적 내밀함critical intimacy을 통해 알아내야만 하는 어떤 텍스트에 의해 틀이 짜이는 빈칸이지요.

대리 보충이 외부로부터 온다는 점에서 그것은 또한 계산할 수 없음the incalculable이라는 위험한 요소를 끌어들이는 것이기도 해요. 왜냐하면 대리 보충은 대리 보충되는 그것의 규칙에 의해서는 계산되지 않으니까요. 그렇다면 글로벌 자본과 문학을 놓고 생각해 봅시다. 여기서 문학은 계산할 수 없음이라는 요소예요. 바로 이것이 우리가 생각해 봐야만 할 어떤 것이지요. 우리의 계산할 수 있는 디지털 글로벌 세계에 대한 저항 속에도 계산할 수 없음이라는 요소를 끌어들이는 것은, 정당화된 자기-이해 관계보다는 만인을 위한 사회 정의를 향한 의지예요. 태환 통화와 불환 통화의 입체적 외환 지도가 없었다면, 기울어지지 않은 운동장에 대한 자본의 허위 약속이 진실이었다면, 유토피아가 계산될 수 있었다면, 계산할 수 없음이라는 요소가 어떤 것일는지를 제가 상상할 수는 없겠지요. 다만 제가 아는 것은 터키가 유로존에 가입하려 하고(이 글을 퇴고하는 시점에는 그 가입이 훨씬 의심스러워 보이지만) 그리스는 탈퇴를 목전에 두고 있는 이 마당에, 유럽이 자체적인 윤곽 안에서 어떤 무장벽성을 창출하려는 계획이 무위로 돌아가고 있는 중이라는 점입니다. 만일 우리가 유럽 대륙에서 1,000년간 벌어진 장벽 경합의 역사 서사에 주목한다면, 영문학 쪽에 있는 우리는 문학적 비잔티움의 관점에서 그 서사의 플롯을 짤 수 있어요.

이것은 인도의 서사보다는 유럽의 서사로부터 이루어지는 하나의 문학적 대리 보충일 터인데, 어떤 이들에게는 공상적이고 이해할 수 없는 것이겠지만 원컨대 다른 이들에게는 도발적이고 암시적이었으면 싶어요. 이 자리에서 말할 비잔티움은 오늘날 그리스와 터키 그리고 유럽 연합 사이에서 춤추고 있는 비잔티움으로, 일개 문학 비평가가 읽어 내는 것입니다. 이스탄불은 비잔티움의 근대적인 이름이지요. 대부분의 사람이 생각하듯 콘스탄티노플—콘스탄티노폴리스—이 변형된 것이고요. 그런데 정작 더 흥미로운 어원은 이스틴폴린Istinpolin이라는 명칭입니다. 비잔티움에 살던 그리스인들이 쓰던 이 이름은 사실 '도시 안에서'eiset n polin라는 뜻의 그리스어 문구였어요.[3] 수 세기

3   B. E., "Istanbul" in *Enclyclopædia Britannica*, Vol. 22, 15th edn, Chicago: Encyclopædia Britannica Inc., 1995, p. 148.

동안 일련의 입말 치환을 거쳐 이 이름은 '이스탄불'이 되었지요. 이건 그냥 하나의 도시 내부, 하나의 메디나(역시 '도시'라 불리는 도시)예요. 아랍인 누구에게나 메디나요 그리스인 누구에게나 이스탄불인 것이지요. 인도 역시 그렇고요.

마침 그리스가 유로존에 균열을 내고 있는 참에, 역사적으로 하나의 제국을 대표했고 이어 하나의 국민 국가를 대표했던, 도시라 불리는 도시인 비잔티움이 유로존으로 미끄러져 들어오고 있습니다. 예이츠는「비잔티움으로의 항해」에서 경탄했던 그 모자이크를 이탈리아 라벤나에서 보았어요. 나중에 그는 더 많은 비잔틴 작품을 보러 시칠리아로 갔지요.

동로마 제국을 대표했던 도시인 비잔티움이든 이제 유럽 연합의 최근 (아마도) 가입국으로 순치된 도시인 비잔티움이든 하나의 자국화된 비잔티움을 찾으려는 이런 제스처는 비잔티움이 동-서 교차 대구법chiasmus에서 일종의 플레이스홀더placeholder로서의 고유명이라는 현상의 한 사례입니다. 비잔티움이 영원성에 다가서는 것이라 하더라도요. 비잔티움은 정복의 무대임에도 불구하고 어떤 초월론적인 약속을 견지하지요. 예이츠는 요제프 스트르지고프스키의『기독교 교회 예술의 기원』(1920)에 대해 이렇게 쓰고 있어요.

그에게 동양은, 내 선생들에게 확실히 그랬듯이, 인도 혹은 중국이 아니라, 유럽 문명에 작용을 가했던 동양, 즉 소아시아와 메소포타미아 그리고 이집트였다. 그리스도를 왕권의 속성에 연계시키는 모든 예술을 그는 셈어권 동양에서 도출한다. 이 예술은 그리스의 수염 기른 온화한 그리스도를 만물의 지배자 그리스도로 대체하고, 교회를 위계적이고 강력한 것으로 만든다.[4]

가정해 봅시다. 「비잔티움으로의 항해」에서 예이츠가 그리스의 섬들을 선회하며 오디세우스의 경로를 거슬러 지중해를 하행하는 배를 상상하고 있다고 말이에요. 오디세우스에게는 정박할 비잔티움이 존재하지 않지요. 오히려 그는 아시아에서 유럽으로 오는 길에 트라키아에 있는 키콘족의 전초 기지를 잠깐 들러요. 이곳은 오르페우스의 탄생지로 여겨지는 곳이기도 하나, 고대 그리스인에게는 알려진 세계의 한계였던 곳입니다. 오디세우스는 동-서를 알지 못했거든요. 이참에 잠시 언급해 두겠습니다. 자기 스스로를 묘사하는 다비유적polytropic 이미지 중 하나에서 지중해 사람 율리시스를 자처했던 데리다에게는 저 유명한 바다를 교차하는 하나의 남-북이 존재했다는 것을요. 그는 아우구스티누스를 개작redo하고 있는 것이지요. 위상론topology에 관한 하나의 토포스를 놓고요. 도시라 불리는 도시 같은 '장소'로 이동하면서요. 그런 곳이 아우구스티누스에게는 로마요, 데리다에게는 파리며, 예이츠에게는 비잔티움입니다. 유토피아들이지요.

4 W. B. Yeats, "The Great Year of the Ancients" in *A Vision*, London: Macmillan, 1962(1937), pp.243~266, 이 대목은 p.257〔「고대 문명의 대주기」, 『비전』, 이철 옮김, 시공사, 2013, 302쪽〕.

예이츠는 "다가올 것"to come에 대해 쓰고 있어요. 시의 마지막 행—"지나간 것, 또는 지나가고 있는 것 또는 다가올 것에 관하여"[5]—은 현재의 안정성에 접근할 수 없음을, 영향력 천명에 대한 방어적 제스처를 표현하는 것이지요. 현재는 사라지는 연관이에요. 연관의 사라짐에 의해 구성되는 것이지요. 말미에 다시 인용할 벤야민의 힘찬 표명을 봅시다. "과거란 그것을 알아볼 수 있는 그 순간에 번쩍하며 결코 다시는 볼 수 없는 어떤 이미지로서만 포착될 수 있다.〔…〕역사란 구축의 대상이고, 역사 구축의 장은 동질적인 텅 빈 시간이 아니라 지금-시간으로 채워진 시간으로 형성된다."[6] 예이츠의 시간이요 문학적 행동과 문학적 행동주의를 위한 시간인 지금-시간은 실제로 존재하는 어떤 것으로서 붙잡을 수 있는 유형의 현재가 아니에요.

"동질적인 텅 빈 시간"이 『상상된 공동체』(1982)에서 베네딕트 앤더슨이 만들어 낸 문구라고 많은 이가 생각하지요. 이 책은 우리가 다루려는 것을 이해하는 능력을 우리에게 제공하지 못해요. 경제적이고 정치적인 해방에 대한 유럽발 거대 서사를 이해하는 능력을요.[7] 많은 이가 앤더슨

---

5 Yeats, "Sailing to Byzantium" in *Collected Poems of W. B. Yeats*, London: Collector's Library, 2010, pp. 267~268〔「비잔티움으로의 항해」, 『예이츠 서정시 전집 3: 상상력』, 김상무 옮김, 서울대학교출판문화원, 2014, 353쪽〕.
6 Walter Benjamin, "Theses on the Philosophy of History" in *Illuminations*, Harry Zohn trans., London: Pimlico, 1999, pp. 245~255, 이 대목은 pp. 247~252, 번역 수정〔「역사의 개념에 대하여」, 『역사의 개념에 대하여, 폭력 비판을 위하여, 초현실주의 외』, 최성만 옮김, 길, 2008, 333~345쪽〕.

이 "동질적인 텅 빈 시간"이라고 썼고 호미 바바는 그것에 반대했다고 생각하지요. 사실 이 문구는 벤야민의 저 비범한 구절에서 온 겁니다. 거기서 벤야민은 행동의 시간에 대해 말하지요.

우리가 아는 것은 지나가고 있는 것뿐이고, 현재 안에서 공부하면서 우리는 지나간 것을 구축합니다. 이것이 작동 중인 에피스테몰로지예요. 해제시키는 에피스테메를 변경시키거나 이 에피스테메에 작용을 가하는, 변경시켜 작용을 가하는 시도를 끊임없이 하는 에피스테몰로지인 것이지요. 토머스 스터지 무어는 이렇게 지적했어요. 시의 화자가 "일단 자연에서 벗어난 나는 결코 취하지 않으리 / 내 몸의 형태를 그 어느 자연적인 것으로부터도"라고 주장함에도 불구하고, 시인이 인공적인 새이기를 원하고 있으니, 시인이 선택하는 형태는 자연으로부터 온다고요. 무어는 이렇게 쓰고 있어요. "「비잔티움으로의 항해」는 첫 세 연이 탁월한 데 비해 넷째 연에서 저를 실망시킵니다. 거기 있는 금 세공인의 새는 인간의 신체만큼이나 자연이지요. 특히나 그 새가 호메로스나 셰익스피어처럼 지나간 것 또는 지나가고 있는 것 또는 다가올 것을 주인님과 숙녀 들에게 노래하는 것일 뿐이라면 말입니다."[8]

7 Benedict Anderson, *Imagined Communities: Reflections on the Origin and Spread of Nationalism*, London: Verso, 2006(1982)〔『상상된 공동체: 민족주의의 기원과 보급에 대한 고찰』, 서지원 옮김, 길, 2018〕. 이 책에 대한 차테르지의 비판으로는 Partha Chatterjee, *Nationalist Thought and the Colonial World: A Derivative Discourse?* London: Zed Books for the United Nations, 1986〔『민족주의 사상과 식민지 세계』, 이광수 옮김, 그린비, 2013〕.

무어에 대한 응답으로 예이츠는 과장된 시 「비잔티움」을 써요. 거기서 그는 "내가 초인적인 것을 불러내니"라고 하면서 저 형태가 '유령적인' 것임을 명확히 하지요. 마치 그가 '여길 보게나, 이제 오류를 범하지 마시게'라고 강조하는 것 같아요. 이처럼 훈계하는 스타일로 쓰이다 보니 최상의 시는 아닙니다.

> 내가 초인적인 것을 불러내니;
> 그것을 일러 삶-속의-죽음이요 죽음-속의-삶이라.
> 기적이, 새 또는 황금 공예품이,
> 새 또는 공예품이라기보다는 기적이
> 별빛 비치는 황금 가지 위에 놓여,
> 저승의 수탉처럼 울어 댈 수 있으니,
> 또는, 쓰린 달빛 아래, 큰 소리로 멸시할 수 있으니
> 불변의 금속이라는 영예 속에서
> 보통 새 또는 꽃잎을
> 그리고 진흙과 피로 빚은 저 모든 복잡한 것을.[9]

"스터지 무어여, 그러니 그걸 '자연물'로 오도하지 말게"라고 예이츠는 실제로 쓰고 있어요.[10] 하지만 오류는 계속되었지요. 「쿨 호수의 야생 백조들」의 화자가 저지른 의도

8 W. B. Yeats and T. Sturge Moore, *Their Correspondence, 1901~1937*, Ursula Bridge ed., London: Routledge & Kegan Paul, 1953, p.162.
9 Yeats, "Byzantium" in *Collected Poems of W. B. Yeats*, pp.335~336(「비잔티움」, 『예이츠 서정시 전집 3』, 361~363쪽).
10 Yeats and Sturge Moore, *Their Correspondence*, p.164.

된 오류처럼 말입니다. 이 화자는 바라봄의 대상인 쉰아홉 마리 백조를 경험적으로 묘사해요. 그런데도 백조들이 "짝지어" 날 수 있다고 생각합니다.[11] 분명히 틀렸지요. 쉰아홉은 홀수니까요. 특유의 단순성으로 착오에 빠진 주체를 구성하는 것은 또 다른 수사학적 방어예요. 과거가 선호되거나 욕망되는 영향력이 되게 하려는 것에 맞서는 방어지요. 논의를 더 확장한다면 터키가 오늘의 발칸에서 오스만 제국의 향수/야망을 갖는 것과 관련해, 그리고 그리스에서 민주주의가 망가진 마당에 이 나라가 민주주의 소유권을 운위하는 것과 관련해서도 이렇게 방어할 수 있어요. 파산 직전의 이러한 황금 시대주의에 맞서, 특유의 단순성으로 착오에 빠진 주체를 문학적으로 구성하는 것은 하나의 필요한 정치적 방어예요.

그러하니 동맹의 정신에서 자기 비판적으로 이렇게 말해 보겠습니다. 경험적인 세부가 세척되고 게다가 투사 projection의 방식으로 비잔틴 미학을 통해 그렇게 세척되는 비잔티움이라는 동–서 관념은 21세기 일사분기에 세계에서 벌어지고 있는 일에 적합하지 않다고요(저 투사의 방식은 미국 비평가 클레멘트 그린버그의 것이고요, 냉전 이후 서유럽과의 관계에서 발칸과 동유럽도 저런 동–서 관념에 해당합니다). 유토피아에 지분이 있는 저명한 장소가 다 그렇듯 '비잔티움'은 진압될 수 없어요. '유토피아'에 대해 저는 감각적으로 이 단어의 어근이 갖는 뜻에 주목해요. 그

11   Yeats, "The Wild Swans At Coole" in *Collected Poems of W. B. Yeats*, p.187〔「쿨 호의 야생 백조들」, 『예이츠 서정시 전집 2: 사랑』, 김상무 옮김, 서울대학교출판문화원, 2014, 428~431쪽〕.

뜻은 장소-없음이지요. 그런데 수작을 부리면 좋은 장소가 됩니다. 그리스어에서 u를 eu로 교체하면 좋은 장소라는 뜻이거든요. 오늘날 하필 유럽 연합이라는 장소가 있네요! EU 말이지요, 하하.

도시라 불리는 도시는 유토피아를 달성하려는 목표를 언제나 견지해 왔어요. 다소 정직하지 못하더라도 말이지요. 그랬기에 투쟁 현장으로서의 역사에서 이중 구속double bind을 무시하는 것이 용인되지요. 가장 영민한 주인들을 뺀 거의 모두가 짜 나가는 역사의 씨줄과 날줄을 무시하는 것이 용인된다는 것이지요. 문학 독자로서 제가 배운 것은 저 직물을 장악하지 않으면서 오히려 그것과 공모하고 그것 안으로 접혀 들어가는 가르침입니다. 하여 제가 떠올리는 곳이 트라키아입니다. 아담과 달리 지나칠 정도의 애처가인 신화 속 오르페우스의 고향이지요. 오디세우스가 찾았던 곳이기도 한 트라키아는 도시 국가 지향 단계였지 폴리스에 도달하지는 못했어요. 저는 트라키아의 목동들을 생각해 봐요. 곰곰이 생각해 보다가 절반쯤은 공상으로 중얼거려 보는 거죠. 이 목동들이 본원적인 서발턴이었을 수도 있잖아, 라고요. 마르크스가 기원적 공산주의자들을 생각했던 것처럼 말입니다. 고대 그리스인에게 트라키아는 무장벽인 곳이었어요. 그곳은 오케아노스의 네 모서리 중 하나로, 알려진 것의 한계였지요.

비잔티움은 하나의 투쟁 현장이고 우리가 편을 들 장소가 아닙니다. 셉티무스 세베루스는 그것을 로마자로 표기해요. 디오클레티아누스는 분할하지요. 콘스탄티누스는 기독교화하고요. 유스티니아누스는 복원합니다. 4차 십자

군은 유린하고요. 서기 800년부터는 서쪽의 신성 로마 제국과 주도권 다툼을 벌이며, 동방 정교회는 가톨릭에 합류하기를 거부하니, 동이 서에 합류하지 않으려 하면서 비잔티움은 오스만 제국의 것이 되었지요. 엄청난 지역 분쟁 전통이 계속됩니다. 여러분이 읽은 시를 쓴 바로 그 예이츠가 이러한 분쟁 안에서 징후적이지요. 제국이 국가로 전환되며 벌어진 집단 학살들이라는 유명한 역사가 이러한 전통에 의해 기입되는 겁니다. 1916년에 마크 사이크스와 프랑수아 조르주-피코는 비밀 합의를 통해 비잔티움이라는 형체를 '중동'이라고 표기했어요. 그리하여 성지가 폭력적이면서 훼손하는 유토피아가 될 수 있었지요. 이것은 또한 비교주의-로서의-코즈모폴리터니즘에 대한 억압입니다. 와다드 막디시 코르타스의 『내가 사랑했던 세계』(2009)와 칼레드 지아데의 『동네와 큰길』(2011)에 기록된 것처럼요.

오늘날 비잔티움은 유럽과 뒤섞이고 있지요. 오스만 제국적인 동-서 정신은 새로운 전위를 재생시키는 과정 중에 결단과 재생으로 인한 갈등을 시인합니다. 1990년대의 야만적인 내전 이후 결코 쉽지 않았던 세르비아와 보스니아의 관계는 2009년 가을에 노골적인 적대로 치닫고 있었어요. 서구의 중재 시도는 실패했고요. 터키의 외무 장관인 아흐메트 다우토을루가 돕겠다고 나섰어요. 그것은 터키로서는 복잡한 역할이었어요. 보스니아가 터키처럼 압도적인 무슬림 국가고 세르비아는 터키와 오랫동안 사이가 나빴던 동방 정교회 국가라는 점에서 특히 그러했지요. 동-서인 겁니다. 하지만 다우토을루는 자신이 "이웃 나라들과의 문제 제로"라고 부른 원칙에 따라 터키의 야심적인 외교 정책을 마련했어요.[12] 세르비아도 보스니아도 실제로는 터키와 국경을 맞대고 있지 않아요. 그렇지만 다우토을루는 이웃 나라를 과거 오스만 제국의 지배권에 속했던 광대한 공간으로 넓게 정의했어요. 따라서 예이츠도 한 자리를 점하는 이 스토리는, 말씀드렸듯이, 오늘의 우리에게 경제적-정치적 의미를 지니는 하나의 정치적 서사인 겁니다. 내부의 저항이 있지만, 이 오스만 제국 충동은 레제프 타이이프 에르도안 총리하에서 지속되지요. 다시금 '문학적인 것'을 상기합시다. 심지어 보수적 네오파시스트 예이츠(민족 해방은 혁명이 아니지요)에 의해 실천되는 그런 것일지라도요. 계산할 수 없음의 요소를 도입하면서 도래하는 대리 보충은 우리를 향수에 젖은 개입주의 정치 너머로 인도합니다.

동-서 교차 대구법에 대한 국지적인 한정이 반복되더라도 비잔티움은 진압되지 않을 겁니다. 문자 이전의 비잔트(보편 통화)인 오르페우스에게는, 릴케가 우리에게 가르쳤듯이, 오로지 이중 왕국에서만 목소리들이 영원해졌고, 불완전하게나마, 이승에서 모방될 수 있었지요. 독일어에서 '규정하다'determine라는 뜻을 지닌 더 추상적인 단어에는 문자 그대로 '조음'attuning의 뜻이 있어요. 디 베슈티뭉die Bestimmung이 그 단어지요. 여기에는 슈티메Stimme라는 단어가 들어 있는데, 이 단어는 릴케의 시 「오르페우

---

12   Ahmet Davutoğlu, interview by Scott MacLeod, *Cairo Review of Global Affairs*, 12 March 2012. http://www.aucegypt.edu/gapp/cairoreview/pages/articleDetails.aspx?aid=143에서 확인 가능(2014년 4월 18일 최종 확인).

스에게 바치는 소네트」 중 아래 인용된 연에 〔복수 형태인〕
디 슈티멘die Stimmen으로 들어 있어요. '목소리들'voices이
라는 뜻입니다.

두 세계가 이어지는 바로 그곳에만
순수한 목소리들이 있으니,
평온하며, 세월이 비켜 가네.[13]

트라키아는 비잔티움이 어떤 미장 아빔mise en abyme을
향하도록 앞서 규정합니다. 이 미장 아빔은 불확정성을 이
중으로 대신하는 것, 거울방 안에서처럼 반사하는 것이지
요. 이는 역사에서 빚어지는 분쟁에 대한 선형적인 감각에
대처하는 시의 응답이에요. 저 이중성은 이중 구속에서의
바로 그것입니다. 비잔티움은 투쟁 현장으로서의 역사의
이중 구속을 보여 주지요. 베틀의 북이 오르락내리락하며
짜 낸 것만 같은 시간이라는 텍스트의 씨줄과 날줄을요. 근
대 비잔티움이 직면한 것은 민주주의의 이중 구속이지요.
자아성ipseity(나 자신)과 타자성alterity(남)의 이중 구속에,

13   Rainer Maria Rilke, "l, 9" in *The Sonnets to Orpheus*, Leslie
Norris and Alan Keele trans., Columbia, SC: Camden House, 1989,
p.9〔「오르페우스에게 바치는 소네트」, 『릴케 전집 2권: 두이노의 비가
외』, 김재혁 옮김, 책세상, 2000, 507쪽. 독일어 원문은 "Erst in dem
Doppelbereich / werden die Stimmen / ewig und mild"며 스피박이
활용한 영어 번역은 "Only where those two worlds join / are there
pure voices, / calm, without age"다. 스피박의 원서에서는 독일어
원문과 영어 번역을 모두 써 주었으며 이 번역본에서는 스피박이
활용한 영어 번역을 옮겼다〕.

그리고 무의식은 투표하는 에고에서 떨어져 나간다는 이 중 구속에 직면한 거예요. 그것은 전위주의를 대리 보충하기라는 문제, 전위주의의 의문시되지 않는 필요성에서 부족한 부분을 대리 보충하기라는 문제입니다.

거대한 변화가 정치와 경제에서 이루어지면서(민족 해방은 혁명이 아니지요) 모든 방면으로부터 점증하는 반대의 압박이 시간이 갈수록 심해질 때, 완전한 비-전위주의자가 되는 건 가능하지 않아요. 감옥에 있던 그람시는 이것을 이해했어요. 전위주의가 지식인의 도구화에 의해 대리 보충되어 서발턴 프롤레타리아 지식인을 산출하지 못한다면 존속할 것이 전혀 없을 거예요. 왜냐하면 전체로서의 인민이 전위주의적 '혁명'의 결과로 에피스테메 측면에서 변하는 건 아니기 때문이지요. 그람시가 하층 계급을 생각했던 지점에서 저는 우리 자신을 생각해 봅니다. CNN을 인용하자면 "세계 최대 규모 민주주의"인 인도의 엘리트 대학에서 영문학을 가르치는 일반적으로 중간 계급인 교사들을요.

자본보다는 오히려 인민에 대한 배려로 장벽들을 보존하는 어떤 강고한 무장벽성은 과연 어떻게 대리 보충하는 걸까요? 자기-이해 관계를 타자의—언어적, 시각적, 구술적, 사회적—텍스트로 유예시키도록 맹렬히 훈련받은 감수성을 통해 그렇게 하지요. 이것은 사회 정의를 향한 의지를 키우는 훈련이에요. 물론 반드시 그런 훈련은 아니더라도요. 문학적 훈련만으로 이렇게 할 수 있는 것은 아니지요. 무장벽 자본을 규제하는 단기 해법으로 여기서는 세계 사회 포럼에서 제안된 토빈세를 예로 들어 봅시다. 그린 세

금을 우리 자신에게 부과하려는 의지를 단기 해법이 요청할 때, 우리는 제가 문학적 감수성이라 부르는 그것의 장기 저속 증강에 의존할 필요가 있어요. 에피스테몰로지 수행을 지향하는 상상력 훈련이 필요하다는 뜻이에요. 사회 정의를 향해 특화된 의지로 훈련받고 있는 각 세대에 의해 경제적으로 정의로운 세계가 지속될 수 있도록요.

이는 틀림없이 유토피아적인 전망이에요. 저는 일개 교사로서 그런 전망을 썼어요. 세계가 아직도 포스트민족적이지 않다는 점을 감안하면 다른 어느 곳도 아닌 인도에서만 온전한 시민권을 지닌 교사로서 말입니다. 제가 말을 건네는 상대는 영문학도들이지요. 그들 역시 오직 인도에서만 온전한 시민권을 지녀요. 그들에게 충고하지요. 유토피아란 없다는 걸 이해하라고요. 하지만 그래도 그들이 민족과 세계에 중요하다는 걸 이해하라고요. 적대적인 정치체한복판에서 그런 정신을 유지하는 것이 얼마나 어려운지알고 있지만, 그럼에도 저는 학생들에게 도전을 숙고하라고 충고합니다. 바로 저 불가능한 유토피아를 바라보는 도전을요. 문학이 사소해지고 있는 세계에서, 저 불가능한 유토피아야말로 이곳과 모든 곳의 문학도와 문학 교사의 임무라고 저는 이해합니다. 벤야민의 저 구절을 다시 인용하면 "과거란 그것을 알아볼 수 있는 그 순간에 번쩍이며 결코 다시는 볼 수 없는 어떤 이미지로서만 포착될 수 있다. 〔…〕 역사란 구축의 대상이고, 역사 구축의 장은 동질적인 텅 빈 시간이 아니라 지금-시간으로 채워진 시간으로 형성된다".

저는 인도인으로서 유년기와 청년기 그리고 현재에 겪

은 장벽들로 「서론」을 시작했어요. 인도-파키스탄 분할과 맥마흔 라인을 언급했고. 인도 비교 문학의 수행적 모순들로 넘어갔고, 그것을 글로벌 자본의 수행적 모순들과 연결했지요. 요컨대 장벽들을 보존해야만 하는 무장벽성이라는 모순 말이지요. 이것이 인도-에서의-영어가 지역어들을 위해 작동하게 되는 전통이에요. 저는 양자의 대리 보충적인 관계를 제안했어요. 계산할 수 없음이라는 위험한 요소를 도입하는 '문학적인 것'을 제안했고요. 비잔티움 서사 안에서 예이츠 읽기를 제시했고, 그것을 다시 작금의 터키-그리스 미뉴에트와 연결했어요. 그러는 내내 제가 강조했던 것은, 문학적 읽기를 위한 상상력 훈련이 유연한 에피스테몰로지를 생산한다는 점, 바로 이 에피스테몰로지가, 아마도, 우리 세계를 구할 수 있으리라는 점입니다.

질문들[14]

1 '자본주의의 유기적 지식인'(그람시)의 의미

대부분의 사람은 '유기적 지식인'organic intellectual이 참여 지식인 또는 활동가 지식인 부류를 뜻하는 상찬의 단어 혹은 문구라고 생각하는 듯해요. '유기적 지식인'에 해당하는 것으로 여러분이 그람시에게서 취할 유일한 사례는 자본주의의 유기적 지식인입니다. 거기서 '유기적'이라 함은 새뮤얼 테일러 콜리지에게서와 달리 나무와 식물과 유기체organ 따위가 아니에요. 그보다 이 형용사는 '조직

---

14 본서는 강연물이어서 우리는 논지 전반을 풍부하게 해 주는 한에서 문답들을 편집해 수록했다.

화'organization에서 유래합니다. 그가 이 용어로 뜻하는 바는 특정 생산 양식을 작동시키는 사회적 힘 관계들에 따라 생산된 지식인이지요. 사실 저는 어떤 의미에서는 다음과 같은 우화를 만들어 보려 했던 거예요. 자본주의 글로벌화의 핵심 사태인 금융 자본주의는 장벽들을 그대로 유지해야 하는 무장벽성이라는 것을요. 이건 나쁜 사태입니다.

인도 언어들의 비교 문학은 장벽들을 그대로 유지하는 하나의 무장벽성(영문학)일 겁니다. 이건 좋은 사태지요. 그래서 실제로 제가 말한 것은 이렇습니다. 제가 묘사하는 유기적 지식인은 금융 자본의 조직화에 의해 의도적인 개입 없이 생산된다는 겁니다. 이 지식인은 자신이 텍스트로서의 정치체를 연구해 불완전하게나마 도출할 수 있는 구조를 긍정적으로 사보타주할 수 있다는 것이고요. 제 결론인즉슨, 우리는 영문학에서 이처럼 다른 유형의 무장벽성을 갖고 있으니, 우리 나라처럼 언어적으로 풍요로운 나라에서 이런 무장벽성은 언어적 장벽들을 세심하게 보존함과 아울러 투과적인 것으로 만드는 일을 해낼 수 있다는 것입니다.

2 육성

저는 이 단어를 사용해 '교육'이라는 단어로 포괄되는 것보다 덜 제한적인 지점에 다가가려 해요. 이렇게 함으로써 또한 문화적 가르침이라는 더 광범위한 영역을 들여오고자 하고요. 아우슈비츠에 있었던 이탈리아인 프리모 레비는 2차 세계 대전 이후에 소련이 들어와 독일을 해방시켰을 때 탈출했지요. 그는 "당신을 고문했던 저 괴물들은 어떤 자들이었나요"라는 질문을 받았어요.[15] 실제로 레비는 이렇게 답했지요. "정말 괴물 같은 소수를 제외하면 이들 대다수는 정말이지 당신과 저 같은 사람이에요. 다만 잘못 육성된badly reared 거죠."[16] 자기 책 『가라앉은 자와 구조된 자』(1986)에 기록된 수용소의 비인간적 고문 앞에서 레비가 이렇게 답할 수 있었다는 것에서 제가 떠올린 건 단테 덕분에 그가 살아남았다는 그 사실이에요. 제 뜻은 문화적인 훈련을 통해, 혹자는 차라리 제도적인 문학적 훈련이라고 하고 싶을 그런 훈련을 통해 우리는 먼저 타자들과 깊이 관계 맺는 습속을 확보할 수 있겠다는 겁니다. 바로 이것이 사회 정의의 원천이고요. 불행히도 문화적 가르침은 젠더와 계급 측면에서 심층적으로 타협된 것이지요. 게다가 오늘날 '문화'는 너무 빠르게 분열적인 단어가 되고 있어 저는 차라리 '사회적 용인'social permission이라고 말하겠어요.

15 "괴물들이 존재했지만 수가 너무 적어 그다지 위험하지 않아요. 더 위험한 자는 [⋯] 질문을 던지지 않은 채로 믿고 행할 준비가 되어 있는 공무원들이죠." Primo Levi, *Survival in Auschwitz, and The Reawakening*, Stuart Woolf trans., New York: Summit Books, 1986, p.394 (「부록 1: 독자들에게 답한다」, 『이것이 인간인가』, 이현경 옮김, 돌베개, 2007, 303쪽).
16 "잘못 육성된coltivati male 자들." 레비는 이렇게 쓰고 있다. "사실 교육받지 못한 사람은(히틀러의 독일인들은, 특히 SS는 무섭도록 교육받지 못했다. 요컨대 그들은 '육성된' 게 아니거나 잘못 육성되었다) 자기의 언어를 이해하지 못하는 사람과 그냥 아예 이해를 못 하는 사람을 명확하게 구별할 줄 모른다." "Comunicare" in *I Sommersi E I Salvati*, Torino: Einaudi, 2007(1986), p.71; "Communicating" in *The Drowned and the Saved*, London: Michael Joseph, 1988, p.71 (「소통하기」, 『가라앉은 자와 구조된 자』, 이소영 옮김, 돌베개, 2014, 109쪽).

실제로 컬럼비아 대학에서 가르칠 때도 농촌 학교들에서 연수를 시킬 때도 저는 가르치는 방법 안에서 민주주의에 대한 직관을 발전시키려 노력해요. 그들이 이미 알고 있는 것, 즉 지배 계급은 매우 잔인하고 부조리하다 등등을 말하려 하기보다는요. 제가 상대하는 서발턴 교사와 학생 대부분은 우리 학교들이 있는 곳에서 백인을 본 적이 전혀 없던 이들이에요. 그들은 제 삶의 미국 부분과 무관하지요. 제가 계급 측면에서 그들의 적이 되는 것은 콜카타 출신이라는 사실로 인해서입니다. 저는 하나의 교육 철학을 궁리하고 있어요. 계급 투쟁에, 또는 국가의 추상적 구조들이 그녀/그를 위해 작동해야 한다고 요구하는 시민에게 필수적인 경쟁 직관을 살아 있게 함과 동시에 다른 지향성도—자아성과 타자성 사이의 베틀 북도 살아 있게 하는 그런 철학을요. 이곳들은 기초 학교예요. 이러한 유형의 시도가 육성의 일부가 되지요.

3 여성 신체

그것은 하나의 경계선이지 않나요? 모든 신체가 실은 경계선이지요. 저는 그저 장벽들을 '존중함'respecting을 말했던 것이 아니에요. '살핌'attending to을 말했던 겁니다. 하지만 가장 단순하게 가능한 의미에서, 여성 신체는 투과적인 것으로 보여요. 그것은 아마도 폭력의 가장 기본적인 동작에서 투과적인 것으로 보입니다. 여성 신체는 인간성 자체를 온화하게 돌봐 준다고들 하지요. 겉보기에 투과적인 이 신체의 장벽을 존중하는 것, 누구든 이 장벽을 살피고 존중해야만 한다는 사실을 이해하는 것, 확실히 이 대목이 여러분과 제가 동의할 지점이지요. 하지만 이것은 사유를 위한 장기적 준비지, 사유할 수 있는 자들이 해법들을 단기로 시행하는 것과는 관계가 없어요.

이러한 견지에서 단기 작업은 법이에요. 요컨대 바꾸고 시행하는 것이지요. 장기 작업이 제가 말한 작업이고요. 여러분이 이것을 간파해서 기뻐요. 왜냐하면 이 무장벽성은 장벽들을 살피는 것이거든요. 단지 존중하는 것이 아니라 살피는 겁니다. 무엇보다도 무장벽적이라는 것은 또한 여성과 남성에게 하나의 쾌락이지요. 무장벽적이라는 것은 투과적이라는 것이라서 하나의 쾌락일 수 있거든요. 그래서 무장벽적이라는 것이 저 특수한 상황에서는 단순히 장벽들을 존중함이라기보다는 살핌인 겁니다.

또한 젠더화에 관해 말하기 시작하는 순간이 왔네요. 폭력에 관해 매우 조심스러워지는 이유는 폭력이 욕망과 접속될 수 있기 때문이지요. 그렇다면 여러분은 어디서 윤리적인 것을 그저 도덕적인 것으로 전환시킬 건가요? 계산할 수 없음 때문에, 바로 이 대목이야말로 장벽들을 살핌이라는 발상이 매우 중요한 곳이라고 생각합니다(프로이트의 하이퍼카섹시스hypercathexis가 '살핌'attending입니다. 욕망에 그냥 집중하는 게 아니라 '과잉'hyper되게 그러는 것이지요. 프랑스어 아탕드르attendre에는 '기다리다'to wait라는 뜻과 더불어 '모시다'to wait upon라는 뜻도 있어요). 그곳이 제가 가려는 곳입니다. 법, 훈련, 장벽들을 살핌.

헤겔을 읽는 파농

1 자기 것으로 삼기

앤틸리스 제도는 아직도 포스트식민적이지 않습니다. 그곳은 해외 영토départements et territoires d'outre-mer, DOM-TOM지요. 거기에 가길 원하면 프랑스 비자와 똑같이 생긴 비자를 받아야 해요. 하지만 그 비자가 여러분을 헥사곤으로 데려가지는 않아요. 프랑스로 가지는 못한다는 것이지요. 프랑스 제국주의의 맥락에서 알제리도 그렇고 심지어 베트남조차도 서인도 제도와 동일한 정치적 존재를 갖지는 않아요.

우리에게 아프리카에 관해 이야기할 때 프란츠 파농은 고향인 마르티니크가 아니라 알제리에서 쓰고 있어요. 프랑스에서 한 명의 프랑스 신사gentleman로 인정받지 못해 트라우마가 생긴 신사인 그는 프랑스어권 아프리카 나라로 가길 원하지요. 1차 선택지는 세네갈이었어요. 하지만 레오폴 세다르 상고르가 응하질 않지요. 하여 파농은 2차

＊ 강의에서는 스피박의 논평에 앞서 푸네 대학 영문과 박사 과정 학생인 아르차나 조시와 바로다 대학 영문과 강사인 라잔 조지프 바레트의 발표가 있었다. 이 발표문들은 따로 신청하면 받아 볼 수 있다.

선택지인 알제리로 가요. 알제리와의 관계에는 이런 서사가 새겨져 있어요.

여기서 우리는 아프리카 전체가 아니라 프랑스어권 아프리카를 살펴보는 거예요. 에메 세제르의 희곡 『콩고에서의 한 계절』(1966)을 읽어 보면, 범아프리카주의는 제국 언어의 무장벽성을 선택해 스스로를 국제적으로 구축했던 것임을 깨닫게 됩니다. 「서론」에서 제가 인도에서의 영문학을 '무장벽적인' 것으로 도구화하자고 한 발상은 이 시기와 모종의 연관을 갖지요. 여러분은 응구기 와 티옹오의 책 『글로벌레틱스』(2012)에서 이런 걸 느낄 겁니다. 이 책은 1980년대 미국에서 남아시아에 초점을 맞춰 발전한 포스트식민 이론에서 탈피한 어떤 것이에요.

앨런 로크의 책 『새로운 니그로』는 할렘 르네상스에 대한 내부로부터의 주석이에요. 파농이 태어난 해인 1925년에 출간되었지요. 노장이자 성숙한 목소리였던 W. E. B. 두 보이스에게 헌정된 책이고요. 아프리카계 미국인들의 글을 모은 이 논집은 아프리카 예술을 향한 원시주의로 가득합니다. 하지만 두 보이스가 쓴 「니그로 정신이 뻗어 나간다」라는 글에서는[1] 상이한 식민화 유형이 구별되지요. 말하자면 프랑스의 그림자, 포르투갈의 그림자, 벨기에의 그림자, 영국의 그림자, 그리고 그림자들의 그림자인 미국의 노예제가 있다는 겁니다. 노예를 재산으로 간주하는 제도와 식민주의 사이에는 차이가 있어요. 그는 접속을 확증하

---

1 W. E. B. Du Bois, "The Negro Mind Reaches Out" in Alain Locke ed., *The New Negro: Voices of the Harlem Renaissance*, New York: Atheneum, 1992, pp. 385~414.

면서도 이 차이를 논합니다.

　뉴욕 공립 도서관의 숌버그 흑인 문화 자료관Schomburg Center for Research in Black Culture에는 조지 패드모어, C. L. R. 제임스, 두 보이스의 대담 녹음이 있어요. 사르트르적인 성인전을 배제하고 파농을 논하는 대담이에요. 그들은 **프랑스의 그림자** 안에서는 흑인 유럽인이 그 모습 그대로 인정될 수 있었다는 사실을 언급합니다. 달리 말해 한 명의 저항 지식인이 되기가 더 쉬웠다는 것이지요.『검은 피부, 하얀 가면』의 5장「흑인의 체험」은 선집을 꾸밀 때 독해 자료로 흔히 제시되는 장이에요.[2] 책의 정중앙에 있는 이 장에서 파농이 네그리튀드négritude와 결별한다는 점을 제시하고 싶네요. 그는 네그리튀드가 지나치게 감상적인 것일 수도 있다고 본 것이지요. 그는 저 공간에서 다른 어떤 곳으로 이동합니다. 그곳이 7장이지요. 책의 마지막 장인「니그로와 인정」에서 파농은 헤겔을 읽어요. 이 장의 첫 부분이 흥미롭습니다. 알프레트 아들러에게는 개인을 살펴본다는 문제가 있는 데 비해 우리는 사회적인 것을 살펴봐야 한다는 내용이에요. 이것은 또한 단순 체험에서 벗어나는

　2　Frantz Fanon, *Black Skin, White Masks*, Charles Lam Markmann trans., London: Pluto Press, 2008(1986)〔『검은 피부, 하얀 가면』(개정판), 노서경 옮김, 문학동네, 2022〕 5장에서 **네그르**Négre라는 단어는 항상 **블랙 맨**Black Man으로 번역된다. 이 단어의 번역 안에서 무엇인가를 놓치게 된다고 나는 믿는데, 특히 우리가 체험에 관해 말하고 있다는 점에서 그러하다. **니거**Nigger는 너무 셀는지도 모르겠다. 번역은 이러한 유형의 거리를 횡단할 수 없으며, 그래서 비교 문학은 언어적 숙련을 절대적으로 요청함으로써 이 거리를 강조해야만 한다.

것을 지식인의 책무로 주장하는 간접 진술이기도 합니다. 파농은 그렇게 자신을 아들러와 구별하는데, 바로 이 대목이야말로 그 자신으로서는 네그리튀드와의 구별이지요. 네그리튀드는 계급을 사고하지 못하거든요.

그가 마르티니크 사람은 자신을 누구와 비교하는지에 관해 말하는 대목이 흥미로워요. 백인도 아비도 상사도 신도 아니고 자신과 같은 누군가, 백인의 후원 아래 있는 자신의 상대자와 비교한다고 하거든요. 파농이 성공한 유색인 디아스포라를 가리키고 있다는 점이 절대적으로 중요하다고 거듭 말씀드립니다. 문학 교육부터 외국인 직접 투자에 이르는 스펙트럼을 가로질러, 인도를 포함해 글로벌남부의 오늘날 상황을 사고할 때 우리는 그것을 명심해야해요.

이러한 확신의 도움으로 파농은 헤겔적인 **주체**의 자리에 자신을 놓아요. 잘 자리 잡은 디아스포라에게서 분명하게 멀어진 자리지요. 이 자리는 물론 주인도 아니고 노예도 아니에요. '노예는 흑인이고 주인은 백인이다'(그는 약간은 이렇게도 말합니다만)라고 환원해 버리면 주인-노예 변증법이 『정신 현상학』(1807) 전체 텍스트에서 단지 하나의 '계기'임을 고려하지 못하게 되지요. 사실 이 책은 이른바 **주체**의 궤적을 묘사하거든요. 독자로서 파농의 놀라운 점이 바로 이것입니다. 그는 헤겔의 텍스트를 전유해 자기 것으로 삼아요claim. 그리하여 헤겔의 **주체**는 파농이 거주하는 곳이 되고요. 헤겔의 텍스트를 회전시키는 방식이지요. 파농은 헤겔을 읽는 것이지, 단순히 주석을 다는 것이 아니에요.

어떻게 읽을까요? 타자의 텍스트 안에 자신을 삽입하는 거예요. 하지만 자기 자신으로서 들어가는 건 아니고요. 그것은 '부디 헤겔 씨, 나처럼 하세요!'가 아니에요. 오히려 '헤겔 씨, 여기서 내가 당신이 말하는 것처럼 보이도록 복화술로 말할게요'인 것이지요. 텍스트가 타자의 텍스트인 척, 적의 텍스트인 척 연기하는 겁니다. 우리가 아는 바와 같이 헤겔에게서 그 텍스트는 에피스테메 도식epistemograph이지요. **절대적 필연성**에서 **절대지**로 이동하는 에피스테메에 대한 일종의 도식화예요. 이 안에서 주인-노예 변증법은 이성의 출현 계기를 나타내고요.

그러니 주인-노예 변증법은 그저 봉건제에서 자본주의로의 이행을 묘사하는 주인과 노예 역사 이야기가 아니에요. 파농은 철학자가 아니지요. 활동가고, 물론 또한 정신과 의사예요. 게다가 파농은 매우 힘찬 프랑스어 역본으로 헤겔을 읽고 있어요. 번역자인 장 이폴리트는 헤겔의 독일 고전 철학에 자신의 포스트실존주의 정신을 확실하게 표시합니다. 파농은 출중한 번역자들을 찾아냈으나, 그렇다고 해도 문제들은 존재하지요.

파농은 헤겔에게서 무엇을 자기 것으로 삼고자 하는 걸까요? **주체**가 하나의 **주체**이기 위해서는 그가(파농은 남성 대명사로 말합니다) 죽을 준비가 되어 있어야만 한다는 점입니다. 여러분이 강경 투쟁에 참여한 한 명의 활동가 정신과 의사처럼 세심하게 그 점을 읽는다면, 그가 주인과 노예 사이에서 일어나는 일을 다소 상투적으로 묘사하지 않는다는 걸 보게 될 거예요. 그가 7장을 쓰던 무렵 프랑스 정부가 추방령을 내려요. 알제리를 떠나야만 합니다. 그래서 파농은 먼저 튀니지로 옮겨 가요. 그때 급성 백혈병 진단을 받고 입원하지요(『대지의 저주받은 사람들』〔1961〕은 10주 동안의 마지막 투병 시기에 구술되었고요). 그는 입원해 있었지만 프랑스 당국이 체류를 금지합니다. 일부 이탈리아 기자가 입원실 번호를 알아내지요. 파농이 말합니다. "맙소사, 당신들 미쳤어, 나를 죽이고 싶어? 병실을 옮겨 주시오." 그러곤 정말로 두어 시간 뒤에 병실이 폭파되는 일이 벌어져요.

그러므로 헤겔을 읽는 이 남자에 관해 말할 때 우리는 헤겔의 언술에 대한 서사적 묘사를 제시하는 누군가에 관해 말하는 것이 아니에요. 죽을 준비가 되어 있어야만 한다는 건 색다른 발상이에요. 그는 아직 자기 병을 몰랐거든요. 그리고 여기서 우리는 헤어Herr―주인-노예 변증법에서 '주인'으로 번역되는―가 또한 주님과 그의 아들 예수임을 기억해야 합니다. 헤겔은 종교를 철학으로 변형하는 도상에 있어요.

주인-노예 변증법보다 앞에 나오는 단락들을 읽어 보면, 그것이 확실히 주인과 노예를 심리학적으로 고찰하는 이야기가 아님을 알게 됩니다. 헤겔은 베부스트자인Bewusstsein의 출현에 관해 말하지요. 베부스트자인은 비인격화된 현상적인 **의식**으로-존재함Being-conscious이에요. 그런데 그것은 다음 장에서야 비로소 이성의 명료한 빛 속에서 출현할 겁니다. 그러니 헤겔은 이 의식으로-존재함―이 베부스트자인―이, 어느 정도는, **주체** 안에 있는 의식적인 어떤 요소도 갖지 못한 채로 출현해야 하는 계기에 처하게 되지요. 이건 엄청난 과제예요. 여기서 철학은 광적인 상태에 놓인 고도의 시와 같아요. 전혀 의식 같지 않은 어떤 것으로부터 의식을 출현시키는 이러한 시도를 '적용'할 수는 없는 겁니다. 정신은 어떻게 출현할까요?

베부스트자인에 초점을 맞춰 볼까요. 이 단어보다 먼저 등장해 그것으로 향하는 모든 명사는 확실성을 뜻하는 게비스하이트Gewissheit처럼 하이트heite라는 접미어로 끝나요. 하이트는 '~로 존재함'이 아니라 '~다움'이지요. 자인sein이 '~로 존재함'이고요. 저 부분들에서 헤겔은 하이트로 끝나는 단어들에서 자인으로 끝나는 단어들로 옮겨 가지요. 그런데 하이트로 끝나는 묵직한 단어이자 진리를 뜻하는 바르하이트Wahrheit는 건드리지 않아요. 첫 단어는 확실성을 뜻하는 게비스하이트예요. 의심의 여지가 없는 것, 정확한 사실들을 뜻하지요. 그리고 바르하이트입니다. 하이트로 끝나는 이 단어는 어디에도 매이지 않은 의식으로서의 무게를 지녀요. 홀로 노니는 진리라는 것이지요.

본 강의를 준비하면서 『정신 현상학』의 이 부분을 다시 읽었어요. 해당 부분에서 『안티 오이디푸스』(1983)가 강하게 떠올랐습니다. 실로 매우 강한 친연성이 있지요. 헤겔은 욕망—디 베기어데die Begierde—에 대해, 재차 비인격적 추상인 '욕망되는 것'에 대해 말해요. 『안티 오이디푸스』의 저자인 질 들뢰즈와 펠릭스 가타리 역시 그렇지요. 우리는 「프로이트적인 무의식에서 주체의 전복과 욕망의 변증법」의 자크 라캉도 여기에 놓아야 합니다. **주체로-되지-않는**non-Subject-ed 비거울적인 **욕망**이, **주체에 의해-통제되는**Subject-controlled **욕망**으로, 판타지의 작동들을 통해 변형되는 것에 대해 자신이 설명한 바의 환유를 헤겔에게

서 확인하는 '시인'-정신 분석가 라캉도요.[3]

푸코는 『안티 오이디푸스』의 영어 번역에 몹시 못마땅해하면서 독자에게 "『안티 오이디푸스』는 현란한 헤겔이 아니다"라고 주의를 주지요.[4] 물론 이것이 번쩍이는 헤겔이라는 건 다소간 승인합니다만.

주인master-노예 변증법의 마지막에 이르러 헤겔은 절대적 공포와 죽음 수용에 관해 논해요. 또한 이런 걸 말하지요. 이것이 저항의 실제 사례로 경험된다면, 우리는 철학적 기획 바깥으로 떨어져 나와 그 기획과 경험적인 것을 합선시키게 될 거라고요. 파농은 오류를 범하는 것일까요? 하나의 계보를 고려하면서 그람시로 되돌아가 보지요. 『옥중 수고』(1929~1935)에서 "새로운 지식인"에 관해 썼을 때 그람시는 그 지식인이 스승master과 제자 관계 안에 있어야만 한다고 말했지요.[5]

3 Jacques Lacan, "The Subversion of the Subject and the Dialectic of Desire in the Freudian Unconscious" in *Écrits: A Selection*, Alan Sheridan trans., London: Routledge, 2001, pp. 323~360(「프로이트적 무의식에서의 주체의 전복과 욕망의 변증법」, 『에크리』, 홍준기, 이종영, 조형준, 김대진 옮김, 새물결, 2019).

4 Michel Foucault, preface to Gilles Deleuze and Félix Guattari, *Anti-Oedipus: Capitalism and Schizophrenia*, Robert Hurley, Mark Seem, and Helen R. Lane trans., Minneapolis: University of Minnesota Press, 1983, pp. xi~xiv, 이 대목은, p. xiv(「서문」, 『안티 오이디푸스: 자본주의와 분열증』, 김재인 옮김, 민음사, 2014, 6쪽).

5 Antonio Gramsci, "On Education" in *Selections From The Prison Notebooks*, Quintin Hoare and Geoffrey Nowell Smith eds. and trans., London: Lawrence and Wishart, 1971, pp. 26~43(「교육에 관하여」, 『그람시의 옥중 수고』 2권, 이상훈 옮김, 거름, 1999).

지식인이 제자고, 스승은 사회경제적 환경인 것이지요. 그람시는 또한 『정신 현상학』의 경로를 이탈시켜, 노예를 '제자'로 전위시키고, 제자를 '이성' 장으로 이동시키며, **주체**를 지식인-서발턴으로 균열시킵니다. 서발턴에 다가가는 방법을 배우기 위해 주인-노예 관계가 전복될 겁니다. 여기서 지식인은 노예고, 스승-제자로 전위되지요. 그람시는 심리학화하고 있거나 또는 차라리 에피스테몰로지화하고 있다 하겠습니다. 철학적 텍스트를 부정확하게 다루고 있는 것이지요. 파농은 묘사적인 텍스트를 운동가의 텍스트처럼 사용해 텍스트를 회전시켜요. 그람시는 묘사적인 텍스트를 사용해 에피스테몰로지적으로 변혁적인 유형의 운동 방법론을 묘사하고요.

과연 이것들은 오류일까요? 마틴 루서 킹은 간디에 관해 그저 오류를 범했던 건가요? 이런 유형의 '오류들'은(델리 소재 인도 기술 공학 연구소Institute of Technology 산하 인문학 및 사회 과학 부서Department of Humanities and Social Science의 사닐 브이는 '의도된 오류'intended mistake라는 제 개념을 유익한 방식으로 이론화한 바 있습니다)[6] 가장 관여적인 방식으로 읽었다는 증거예요. 텍스트를 나를 위한 타자의 텍스트로 삼아 자기 것으로 하는 읽기 방식인 겁니다. 그러므로 우리는 저 '오류들'을 이러한 정신으로 살펴봐야

6 Sanil V., "Spivak: Philosophy"(lecture), Department of English, University of Pune, 11 December 2007. 또한 Spivak, "Preface to the Routledge Classics Edition" in *Outside in the Teaching Machine*, New York: Routledge, 2009, pp.xiii~xiv〔『교육 기계 안의 바깥에서』, 태혜숙 옮김, 갈무리, 2006〕도 보라.

해요. 전문가들은 멈춰 세우겠지요. 헤겔을 제대로 아는 누군가는 '아!'라며 탄식할 테고요. 하지만 철학으로 무엇을 해야 하는지에 관해 우리에게 무언가를 말해 주는 것이 바로 이 오류들이에요. 마르크스의 철학에 범해진 오류는—마르크스의 대항 직관적인 천재성을 이해하지 못했던 엥겔스 덕분에—마치 그 철학이 국정술에서의 무매개적인 모방을 위한 청사진이라도 되는 양 그 철학을 사용한 것이지요. 그것은 텍스트의 프로토콜에 들어섬으로써 '텍스트를 자기 것으로 삼는 것'claming the text과 정반대예요. 그람시와 파농과 마틴 루서 킹의 이러한 사례는 '오류들'의 지도를 산출한 관여적 읽기라는 점을 유념합시다.

질문들

1 그람시와 유기적 지식인

모두가 지식인이라는 그람시의 진술이 있지요. 그의 "모두"에서 도피처를 찾아서는 안 됩니다. 학문적인 과제를 그렇게 회피해서는 안 된다는 거예요. 지식인이라는 저 모두를 찾기 위해 제 학교들로 가 보겠습니다. 토지를 갖지 못한 비문해자의 아이를 위한 학교들이에요. 물론 그 아이들은 생각을 할 수 있어요. 하지만 이들이 엘리트 대학의 '모두'-주의자 학생들을 닮지는 않았어요. 지식인 엘리트가 스스로를 '모두'라고 묘사하는 건 전부 어떤 이해 관계가 걸린 선언이지요. 그람시가 『옥중 수고』에 '지식인들'이라는 제목을 단 부분을 두지 않았다는 점도 언급해야겠군요. 그람시의 원고 집행자인 팔미로 톨리아티가 그런 부분으로 편집한 것은 『옥중 수고』에 있는 교육에 관한 산재된

논고들이었어요. 그람시의 원고에는 크로체가 "정치적 정념"이라 부른 그것으로부터 어떻게 영속적인 구조들을 산출할지에 관해 논하는 부분이 있어요. 그의 사색은 "기타 등등"으로 끝나는 단편에 담겨 있습니다. 마키아벨리에 관한 부분에 들어 있는 이 단편에는 '정념들'이라는 제목이 달려 있고요. 목하 영역본의 역자들은 이 사색적인 단편을 교육에 관한 이어지는 논증 안으로 옮겨 놨어요. 별다른 비평적 주석도 없이 말입니다.

그러므로 우리가 지식인에 관해 논하는 그람시에 관해 논할 때는 텍스트의 연속성을 조사해 그를 존중합시다. 부당하게 투옥된 이 젊은 지식인은 저 자신의 사색들을 적어 두려고 애써요. 이 사색들은 필경 미래에 한 권의 책이 될 것이지요(비록 그가 그 전에 죽어 그럴 수는 없었지만요). 그것은 상이한 판지 공책에 불균등한 분량의 단상을 적은 열린 텍스트입니다. 모두가 지식인이라는 발상이 그에게 다가온 것은 상식common sense과 양식good sense을 어떻게 구별할지를 그가 생각하던 날이었어요.

서발터니티를 자기 것으로 삼는 건 자신을 모두라고 생각하기의 특징이지요. 그런 일이 메트로폴리스의 급진주의자들 사이에서는 아주 흔하다는 점을 부언해 둡시다. 그런 치들에게 저는 늘 이렇게 말하지요. "당신들이 저 더 낮은 곳과 구별되는 방식을 알려면 위가 아니라 아래를 보세요." 훈련받은 지식인으로 존재하기의 책임을 회피하지 맙시다. 지적 노동의 권리를 박탈당한 사람들이 생각하는 방식으로 우리가 생각하지는 않잖아요.

생각할 수 있는 저 모두에 대한 사례로 저는 예외적인 서

59

발턴을 들겠습니다. 제 동료 니마이 로하르를요. 비르붐에 사는 그는 글자도 숫자도 전혀 모르는 사람이에요. 저는 비문해가 좋은 것이라고 생각하지 않아요. 하지만 서발터니티 안에서 받을 수 있는 나쁜 교육이 진정으로 지적인 비문해자들을 망쳐 놓지요. 그들로서는 비문해자로 남은 덕분에 지성을 지킬 수 있었다는 것이야말로 비극적인 사실입니다. 푸룰리아에는 툴루 샤보르도 있었네요. 이들은 정말로 생각을 하는 사람이지만, 이들이 그람시적인 철학자라고 생각하는 건 가망 없이 낭만적인 짓일 테지요.

수닐 로하르는 프로젝트의 생태 농업 부분을 담당한 사람이에요. 그는 고작 4년 동안 학교를 다녔어요. 그래도 그역시 생각하는 사람이지요. 그를 자칭 비-지식인과 비견해서는 안 됩니다. 모두가 생각할 수 있다고 그람시가 썼던건 대학생들을 위해서가 아니었어요. 그는 프롤레타리아트와 서발턴 계급들의 성원을 위해 썼어요. 거듭 말씀드리거니와, 그들은 지적 노동의 권리를 박탈당했지요.

거기서 함께 일하는 동료들에게 저는 이런 논지를 이야기로 풀어 주려 노력했어요. 마타 카타노matha khatano—머리를 쓰는 일—는 지배 계급의 특권인 데 반해 가토르 카타노gator khatano—몸을 쓰는 일—는 노동자와 SC/ST[7]의 책무로 남아 있음을 강조했지요. 거기서 가르치는 방식은 컬럼비아 대학에서 가르치는 방식과 비교할 만합니다. 도움을 주고 힘을 준다는 자부심으로 가득 찬 초강대국 아이

---

7 지정 카스트Scheduled Castes와 지정 부족Scheduled Tribes을 가리키며 이들은 인도 헌법에서 역사적 취약 집단으로 인정받고 있다.

들은 지적인 자기-분석 노동에 관여하질 않거든요. 그런 만큼 서발터니티를 향한 자신들의 욕망을 재배치해야 할 필요가 있는 것이기도 하고요. 여하간 여러분에게도 지적인 자기-분석 노동을 권하는 바입니다.

이 영역에서 파농은 틀렸어요. 그는 '피식민자'와 '식민자'라 불리는 본질화된 범주들에 관해, 마르티니크 상층 계급으로부터의 일반화를 시도하거든요. 정작 그는 자기 나라가 아닌 곳에 머물면서 지치지도 않고 일합니다만.

진짜 문제는 매우 영민한 이들조차도 자신의 비참을 정상적인 것으로 받아들이며 자살 폭력이 아닌 저항을 전혀 알지 못한다는 점이에요. 이데올로기적 생산뿐 아니라 인지적이며 인식적인 유형의 폭력 때문이지요. 이것이야말로 자신의 서발터니티에 위기를 초래했던 서발턴 계급들에 관해 남아시아의 서발터니스트 역사가들이 논했던 이유예요. 이것이야말로 여러분이 자기-선택적인 비참에 탐닉해서는 아니 되는 이유고요. 제가 어떻게 그람시의 텍스트에 나오는 장삼이사와 공통적인 특성을 지니겠어요? 이 사람들은 영어의 무장벽성에 접근하지 못하는데! 제가 말했듯이 그들은 백인을 본 적이 없어요. 단 한 명의 예외인 어느 정당 활동가는 백인을 산티니케탄의 타고르 대학에서 보았지요.

2 포스트식민성 안에서 철학을 재생시키기

인도의 비철학적인 문학적 포스트식민주의자들, 일반적으로는 영문과에 속한 포스트식민주의자들은 왜 철학으로서의 신학에 이처럼 끝없이 초점을 맞추는 걸까요? 무엇보다도 우리에게는 막강한 합리적 비판 전통이 있지요. 저는 이것이 재생reclaim되어야 하며 그저 철학과의 부분으로 남아서는 안 된다고 봅니다. 재생시킬 권리를 획득하도록 보장해 주는 것은 없어요. '재생시키고 있어'라고 말하기는 쉽지요. 제 생각엔 재생시킬 욕망 없이 가능한 한 세심하게 읽기를 실행하는 것이 최선이에요. 세상의 다른 곳에 사는 이들은 아마도 이렇게 생각했을 겁니다. 어쩌면 그중 일부는 비문해자겠고 일부는 인정받지 못했겠지만 말이지요. 저는 아리스토텔레스에게서 그런 생각과 마주쳤어요. 그는 말하지요. 세심한 미메시스가 할 수 있는 모든 것이라고요. 포에시스는 튀케tuché(우연)로부터 출현할 것이라고요.

아시아 제바르는 언젠가 제게 이렇게 말했어요. "알제리 사람 중 그 누구도 내가 카르타고에 관해 쓴 것을 좋아하지 않는 이유는 내가 폴리비오스를 좋아하기 때문이에요. 적을 좋아해서는 안 되는 법이죠." 『판타지아』(1985)의 서두에서 그녀는 육지에 다가가는 배 위에서 알제를 바라보고 있는 프랑스인 선장의 생각을 들여다보려 합니다.[8] 카말 마줌다르는 『안타르잘리 자트라』(1962)에서 '우리 조상들은 도대체 어떻게 사티sati를 허용했단 말인가? 그들도 정녕 나와 같은 사람인데'라고 통렬히 묻지요.[9] 스스로를 대

8 Assia Djebar, *Fantasia: An Algerian Cavalcade*, Dorothy S. Blair trans., London: Heinemann Educational Books, 1993〔『사랑, 판타지아』, 김지현 옮김, 책세상, 2015〕.

9 Kamal Kumar Majumdar, *Antarjali Jatra*, Calcutta: Subarnarekha, 1981.

단한 재생가라고 생각하는 데로 빠져드는 것보다는 역사의 이러한 불가사의에 다가가는 것이 훨씬 더 흥미로운 재생 방식이에요. 우리는 텍스트가 읽히길 원하는 대로 겸허하게 읽어 들어가요. 그러면 서서히 텍스트가 돌아서기 시작하지요. 우리가 충분히 잘 배웠다면요. 우리가 재생하고 있다면 바로 그렇다는 걸 다른 이들이 주목하게 됩니다.

2 읽기

모든 것을 영어 번역으로 읽는다고 생각하면 한 명의 비교문학자인 저는 조금 우울해져요. 마르티니크 사람인 파농이 장 이폴리트의 번역으로 헤겔을 읽고 있음을 유념하라고 여러분에게 당부했던 제가 어떻게 여러분이 영어 번역으로 파농을 읽는다는 사실을 저 자신과 화해시킬 수 있겠습니까? 인도의 관념은 앤틸리스 제도의 관념과 약간 차이가 있다고 말하는 제가 어떻게 여러분이 앤틸리스 제도의 관념에 프랑스어로 다가가지 못한다는 점을 이 관념과 화해시킬 수 있겠습니까? 마리즈 콩데는 1970년대에 『에레마코농』이라는 제목의 소설을 썼어요. 이 소설은 프랑스어와 영어의 상황뿐 아니라 앤틸리스 제도에는 부재하는 아프리카의 다언어 상황을 직시합니다. 여러분의 언어(영어와 여러분의 모어)와 같은 일종의 단일 언어 장소에서는 아프리카인의 일상적인 삶이 영위되는 언어 장벽들을 이해할 수 없지요. 콩데 덕분에 우리는 생각할 수 있게 됩니다. 어쩌면 파농이 프랑스어권 아프리카를 향해 가면서 그녀가 "조상 있는 니거"라고 부를 그것을 찾고 있으리라는 것을요.[10] 우리가 이처럼 언어가 여럿인 장소(아프리카의 언어적 풍요로움에 비할 바는 아니라 하더라도)에 살면서 이를 무시하기로 선택했다면 우리는 그걸 도대체 어떻게 이해해야 할까요?

저는 답하지 않고 이러한 질문들을 남겨 두겠어요. 하지만 파농과 헤겔에 대한 이 둘째 세션으로 넘어오면서, 헤겔을 심리학화하지 말아야 하며 파농이 '흑인'을 중요 범주로 견지한다고 생각하지 말아야 한다는 점을 간단히 상기합시다. 파농의 관심은 개인들이 아니라 환경에 있어요. 이것은 헤겔의 에피스테메 도식 작업—움직이는 **주체**에 대한 하나의 그림, 움직이고 있는 하나의 철학적 원리에 잘 들어맞지요. 그런데 『정신 현상학』이 하나의 자전 소설이라는 폴 드 만의 통찰은 헤겔 자신이 그것을 심리학적인 스토리 라인으로 만들려는 경향 및 욕망과 투쟁하고 있음을 암시합니다. 헤겔은 철학자로 남으려 애쓰고 있어요. 그것이 갈등이지요.

이는 파농이 우리는 개인이 아니라 집단을 사유해야 한다고 역설하는 것과 관련이 있어요. 파농이 맞서고 있는 것은 나르시시즘이에요. 심리학자-정신과 의사인 그에게 나르시시즘은 우리가 아는 것과는 상이한 유형의 단어입니다. 나르키소스에서 오이디푸스로 나아가는 것이 규범적 심리학에서의 스토리 라인이지요. 우리의 토착 심리학 전문가인 수디르 카카르와 V. S. 나이폴은 둘 다 인도 남자들

10   Maryse Condé, *Heremakhonon: A Novel*, Richard Philcox trans., Boulder, CO: Lynne Rienner, 1982.

이 나르키소스에서 오이디푸스로 성장하지 못했노라고 주장하면서 인도를 진단해요.[11]

과연 우리는 오비디우스를 전거로 하는 나르키소스에 관해 무엇을 아나요? 나르키소스는 물을 바라보다가 자신의 이미지와 사랑에 빠져요. 티레시아스는 나르키소스의 어미인 리리오페에게 나르키소스가 "스스로를 알지 못하는 한" 천수를 누릴 것이라고 말하지요.[12] 나르키소스는 말합니다. 상관없다고, 이게 바로 나Iste ego sum라고. 여기 이 문장은 〔영어로〕 'it I am'이에요. 이질적-동어 반복hetero-tautology이지요. 라틴어로는 나르키소스가 뱉은 한 문장에 'is'가 생략되어 있어요. 같은 문장 안에 있는 'am'과 'is' 사이의 차이인 이 이질적-동어 반복 안에서 헤겔의 **주체**의 역사가 등장해요. 주인-노예 변증법―봉건제에서 자본주의로의 이행, 이성으로 만개하는 자기 의식―안에서 헤겔은 에고ego가 이스테iste를 압도하는 지점을 세심하게 표시하지요. 나르키소스에서 오이디푸스로 넘어가는 이유는, 나르키소스가 오로지 이질적-동어 반복만을 뱉을 수 있는 반면에 처벌받은 징후적인 오이디푸스는 바로 에고 숨ego

11   Sudhir Kakar, *The Inner World: A Psychoanalytic Study of Childhood and Society*, Delhi: Oxford University Press India, 1978과 V. S. Naipaul, *The Mimic Men*, London: Penguin, 1987(1967)〔『흉내』, 정영목 옮김, 강, 1996〕을 보라. 나이폴은 *India: A Million Mutinies Now*, London: Heinemann, 1990에서 입장을 수정한다.

12   Ovid, "Narcissus and Echo" in *Metamorphoses*, David Raeburn trans., London: Penguin, 2004, 3.348.109〔「나르킷수스와 에코」, 『변신 이야기』, 천병희 옮김, 숲, 2017, 140쪽〕.

sum이라고 말할 수 있기 때문입니다.

오이디푸스의 무대에서는 누구도 자신의 이미지와 사랑에 빠지지 않아요. '내가 이것이고 이게 바로 나'I am it; it is I라는 이질적-동어 반복의 **주체**가 아닌 것이지요.[13] 티레시아스는 남성이며 여성이지요. 남성이며 여성인 사람이 나르키소스에게 나르키소스가 아니도록 가르칠 수는 없어요. 희랍의 성-차sexual-difference 신화에서는요. 우리는 이 신화가 인간 병리학 자체를 좌우한다고 생각해요(언어 메모리의 임무를 잠재운 우리는, 거울 이미지와 사랑에 빠진 남자가 성적인 평등으로서의 양성애적 전망에 의해 구제될 수 없다고 생각합니다). 이질적-동어 반복은 주체로-되지-않는 에피스테메 도식에서 분출합니다. 오이디푸스가 "나는 나야 나"I am I, am I라고, 또 "모든 피조물이 떨고 있네 / 저 달콤한 울음 소리로"라고 말할 때까지는요.[14] '나는 나'가 더 나은 역사를 개시하지요. 요컨대 '나는 아비의 성을 갖는다'라는 것이지요. 이것이 젠더 고정적인 역사일 뿐

13 이것은 물론 언어-구속적이다. 동사가 이처럼 구별되지 않는 언어에서는 그것이 가능하지 않다. 우리가 정녕 인간 존재 일반의 현상학에 관해 말하고 있다면, 우리는 인간이 법으로 진입하는 이 무대를 세계의 모든 언어로 번역해야 할 터이고, 비교 문학자를 위한 일종의 경고 무대로 그것을 유지해야 할 터이다. 인도-유럽어족에서는 쉬운 이 특수 사태가 다른 언어 사용자들을 위해서는 약간 다른 방식으로 정돈되어야 한다. 언어는 정신에 선행하지 않는다. 나는 비교 문학자의 간판 임무인 다른 언어들의 '언어 메모리'로 들어서기라는 임무를 제쳐 두고, 마치 그것이 쉽게 거부된다는 듯이 논지를 이어 가겠다. 이제부터는, 그러므로, 비록 그렇다고 말할 수는 없더라도, 내 논지에는 한계가 있다.
14 Yeats, "He and She" in *Collected Poems of W. B. Yeats*, p. 383 〔「그분과 그녀」, 『예이츠 서정시 전집 3』, 115, 117쪽〕.

아니라 계급 고정적인 역사이기도 하다는 점을 기억합시다. 허나 재론하거니와 세계의 모든 문화가 이렇게 아비 성을 따르는 역사patronymic history를 수용할 수는 없어요. 그래서 카카르와 나이폴 초기 저작의 기본 발상은 식민화된 남성이 자신의 이미지를 너무 사랑한 나머지 결국 제 아비 성을 갖는 자로 성숙할 수 없다는 것이지요. 그 남성이 타자들에 의해 소유되기 때문에 그렇다는 거예요. 파농은 이러한 개인주의적 판단을 깨뜨리길 원해요. 그래서 집단적인 것을 호출하지요.

『검은 피부, 하얀 가면』을 인용해 보겠습니다. "그런데 나는 15년 전의 진단 오류를 계속 주고받는 의사와 치과 의사 들을 알고 있다.〔…〕 앤틸리스 사람의 특성 중 하나는 타자를 지배하려는 욕망이다.〔…〕 **타자**는 일종의 고정된 비품으로 무대에 오른다. 반면에 주인공(은 자신이다)."[15] 파농은 첫 무대에 고착된 **주체**에 대한 헤겔의 묘사를 우리에게 제공하고 있어요. 마치 고지하듯이요. 우리는 주인과 노예로 넘어가겠지만 이걸 유념합시다.〔7장 B절인〕 '흑인과 헤겔' 부분을 시작할 때 그는 실제로 헤겔을 사용해요. 그가 단순한 네그리튀드에 대한 거부를 경유해 헤겔에게 오고 있다 해도, 헤겔의 묘사적인 태도를 액면 그대로 취하려는 건 아니에요.

"사람을 멸시하지 않기, 사람을 비하하지 않기, 사람을 착취하지 않기, 사람에게서 가장 인간적인 것인 자유를 도살

---

15 Fanon, *Black Skin, White Masks*, p.164, 번역 수정〔『검은 피부, 하얀 가면』, 206~207쪽〕.

하지 않기"라고 파농은 쓰고 있어요. "자아는 스스로에게 반대함에 의해 자리를 잡는다고 피히테는 말했다. 그렇기도 하고 아니기도 하다. 〔…〕 삶에 대해서는 그렇다. 사랑에 대해서는 그렇다. 관대함에 대해서는 그렇다."[16] 헤겔이 묘사적으로 부정과 지양을 작동시킨다면, 파농은 고의적으로 오류를 범하면서 말해요. 지양으로의 길 위에서 단지 부정만을 행하지는 않겠다고. 헤겔을 일어나고 있는 일에 대한 묘사로 간주하지 않겠다고.

서두에는 주인공—대상 즉 타자로서의 **주체**—이 일종의 고정된 비품으로 무대에 올라요. 파농은 프로이트를 전혀 언급하지 않지요. 한 명의 정신과 의사로서 그는 아들러를 언급합니다. 헤겔과 데카르트가 정신 분석과 맺은 환유적 관계를 이해하는 라캉과 달리 파농은 심리학과 정신 의학을 검토하고 나서 말하지요. 헤겔적인 묘사는 앤틸리스적인 비교 안에 마르티니크 사람에 대한 세 개의 항이 있음을 고려하지 않는다고요. 아들러적인 비교가 에고에 의해 양극화되는 두 개의 항으로 이루어진다면, 앤틸리스적인 비교는 제3의 항인 통치하는 허구governing fiction에 의해 중단됩니다. 여기서 '허구'라는 단어는 개인적 경험이 아니라 사회적 평가와 연관돼요. 바로 이 대목에 그가 논파하는 것이 있어요. 유럽의 진단 상황보다는 오히려 앤틸리스의 상황을 제시하면서 현실적인 답을 경유하기보다는 통치하는 허구를 경유해 나아가는 것이지요.

자, 여러분 자신을 들여다보세요. 그들은 (그들이 누구건

---

16 Ibid., p.173〔같은 책, 217쪽〕.

간에) 정말로 아무것도 알지 못하는 반면 여러분은 사태에 관한 진실을 제시하겠노라 실제로 결심할 때, 또한 이 영민한 젊은이를 보세요. 그는 (비록 현장에서 죽은 건 아니어도) 자신의 작업에 목숨을 걸었지요. 일흔을 넘긴 우리가 서른여섯에 죽은 한 남자에게서 여전히 지혜를 구하고 있을 만큼 그토록 오래 이어져 온 작업을 그는 해냈고요. 지혜로울 수 있으려면, 참담하게 백인의 후원을 받는 해외의 저와 같은 사람들에게 여러분이 '아, 이게 인도예요'라는 수치스러운 지적을 해야만 할 때마다, 파농은 그런 걸 허용치 않으리라는 점을 기억하세요. 파농은 양측 모두를 볼 줄 알아요. 유럽의 오류를 보지요. 견고한 유일무이함에 대한 앤틸리스의 암시도 보고요. 경쟁하고 통치하는 허구들이 있어요. 이것이 그에게 힘을 주고, 이것이 그를 유용하게 만들지요. 그렇지 않다면 그는 그저 우리를 닮은 누군가에 불과할 거예요. 그는 우리를 닮지 않았어요. 우리는 독자로서 이러한 이례적인 이중 직관에 들어설 권리를 획득할 수 있어야 합니다. 파농을 단순히 '아프리카' 혁명의 모델로 간주하거나 그가 포스트식민적인 곤경을 묘사하고 있다고 상정해서는 안 되고요. 그는 더 많은 무언가를 하고 있어요. 통치하는 허구들과 싸우고 있는 겁니다.

그가 되돌아와 말해요. "나는 나르키소스며, 나를 만족시킨 나 자신의 이미지가 타자의 눈에 비치는 걸 보고 싶다."[17] 카카르와 나이폴이 여러분은 나르키소스에 고착되어 있노라 말할 때, 나르키소스를 회전시키는 파농을 기억

---

17 Ibid., p.165, 번역 수정〔같은 책, 207쪽〕.

하세요. 대부분의 사람은 나르키소스 스토리에 나오는 여성인 에코에 관해 전혀 말하지 않지요. "나는 에코예요. 나를 만족시킨 나 자신의 이미지가 타자의 눈에 비치는 걸 보고 싶어요."

결론적으로 마르티니크에는 정상에 있는 남자, 그의 측근, 아무래도 상관없는 자와 능욕당한 자가 있어요. 매일매일 이런 종류의 상황이 복제되는 걸 보지요. 심지어 대학에서도요. 인도에서만 그런 게 아니지요. 상이한 방식들은 있어요. 예컨대 여러분이 누군가를 얼마나 오래 기다리게 하든 소소하게 아첨하는 자가 있지요. 여러분이 파농을 읽고 있다고 생각하지 마세요. '이 텍스트가 내 환경을 묘사하고 있을까?'라고 자문해 보세요. 최대한 정직해지세요. '이 텍스트는 내가 살고 있고 참여하는 삶을 묘사하고 있을까? 정상에 있는 남자가 되어 내 문을 열어 주고 아첨하는 측근을 두고 싶어.' 이건 약함의 표시예요. 파농이 비판하고 있는 것이지요. 이 모든 약함/강함 논의를 제가 꼭 믿는 것은 아니지만, 여하튼 그것이 여기서의 분석입니다.

이어 파농은 이렇게 말해요. 마르티니크 사람들이 안심에 굶주려 있다고요. 앤틸리스 사람의 성향에 대한 아들러적인 노선을 확인했으니 이제 그것의 기원도 찾아내야 한다고 제안하지요. 파농은 문인이 아니라 진단 정신과 의사로서 쓰고 있어요. 비록 그가 허구를 인지할 수 있다 하더라도 허구에 대한 그의 정의는 진실의 반대라는 것에 가까워요. 우리는 이 무렵 파농이 학위 논문을 쓰고 있고 이 논문이 그의 마음을 사로잡고 있음을 기억해야 합니다. 그는 박사 학위 청구 논문을 쓰고 있는 학구적인gnoseological 정신과 의사예요. 우리는 이걸 잊지 말아야 해요. 그의 학위 논문은 건조하고, 데이터로 가득하며, 데이터에서 결론으로 이어지고, 결코 일어나지 않았던 미래를 위해 쓴 글이지요. 이 사람은 아들러를 공부하고 이어 "그것의 기원을 찾아내야 한다"고 말해요. 그러므로 이것은 하나의 병인론입니다. 예컨대 **흑인**은 열등한 인종에 속하고, 그래서 우월한 인종을 닮고자 한다는 따위. 마르티니크 사람은 백인/아비/상사/신이 아니라 백인의 후원을 받는 자신의 상대방과 스스로를 비교한다는 겁니다.

그는 이것에 대한 증거 일부를 어디서 구할까요? 문학이 그에게 증거가 되지요. 로페 데 베가의 동시대인인 안드레스 데 클라라몬테의 『플랑드르의 용감한 네그로』(1638년 출판)에서 증거를 찾아요. 우리가 쓰는 학위 논문 다수는 온전한 사회학적 일반화를 위한 증거로 한 편의 문학 작품을 논하다 망가집니다. 이것이 바로 질적 사회 과학 연구자들이 우리를 진지하게 여기지 않는 이유예요. 나름 타당하지요. 우리가 문학을 증거로 삼다가 문학의 품위도 우리 자신의 품위도 떨어뜨리니까요. 게다가 한 편의 문학 작품을 토대로 결론을 끌어낼 수 있다고 결정하니까요. 하지만 정신과 의사가 그렇게 할 때는 상이한 무언가를 하고 있는 것이지요. 『두려운 낯섦』(1919)에서 프로이트는 자신이 실제 삶에서 찾을 수 없는 종류의 증거를 문학에서 찾을 수 있다고 말해요.[18] 이것이 그가 문학으로 돌아서는 이유예요. 문

---

18 Sigmund Freud, "The Uncanny"(1919) in *The Standard Edition of the Complete Psychological Works of Sigmund Freud*, James Strachey ed., Vol.17, *From the History of an Infantile*

학이 '불가능한 것의 경험'이라 불리는 것도 이 때문이고요. 여러분이 여기서 보고 있는 것은 파농이 말하는 것의 증거가 아니에요. '실제 삶'에서 그토록 뚜렷하게 경험하기가 가능하지 않은 그런 증거를 문학적인 것은 정말로 준다는 발상을 보고 있는 것이지요.

프로이트는 우리에게 이런 통찰을 줘요. 파농은 단순한 인종과 자기 나라라는 통념을 넘어 어떻게 자신을 이해할지를 결정하고자 시도합니다. 그러면서 스스로 진실이라 믿는 무언가를 말하는 어떤 **흑인**에 대한 재현을 그는 이 유럽인(안드레스 데 클라라몬테)의 텍스트에서 찾아내요. 그것은 우리 같은 문학 쪽 사람이 문학을 읽어야 하는 방식이 아니지요. 파농이 문학을 증거로 읽는 이 대목에서 우리는 그를 좀 느슨하게 풀어 줘야 해요. 그가 자신의 (진료) 실천에서 정신을 텍스트로 읽듯이 텍스트를 정신으로 읽고 있음을 이해해야 하고요. 우리는 결코 그를 흉내 낼 수 없어요. 정신과 의사는 그 실천을 집단별로 하는 것이 아니라 일대일로 하지요. 그러니 그 실천이 단지 개인적이지 않고 사회적이라고 파농이 말할 때 우리는 그를 더욱 믿어야만 해요. 저는 지금 주체 위치에 관해 논하려 하고 있어요. 그래서 그가 문학을 증거로 읽을 때 우리는 그의 프로토콜을 이해해야 한다는 거예요. 그를 흉내 내는 것이 아니라요. 비록 사회주의는 마르크스를 흉내 내고자 했지만요.

Neurosis, James Strachey with Anna Freud, Alix Strachey and Alan Tyson trans., London: Hogarth, 1955, pp. 217~256, 이 대목은 p. 250 (「두려운 낯섦」, 『예술, 문학, 정신 분석』(개정판), 정장진 옮김, 열린책들, 2020, 466~467쪽).

훈련받은 학구적인 정신과 의사로서 그의 분과 학문적인 생산은 에피스테몰로지적으로 우리의 그것과 차이가 있다는 점에 파농의 주체 위치가 있어요. 우리는 마땅히 그 주체 위치를 예우해야 합니다.

허구를 이처럼 증거로 삼는 읽기 덕분에 그가 옥타브 마노니를 반박할 수 있는 것이지요. "백인이 되고픈 소망을 꿈에서 충족한" 친구에게 "환경과 사회가 네 망상에 책임이 있어"라고 제시할 수 있고요. 이것은 자아-의미화self-signification―"자신에게 지정된assigned 자리"[19]를 해지함을 뜻하지요. 철학적으로 훈련되고 고도의 교육을 받은 프랑스 사람이 '지정된'이라고 말한다는 건 '주체 위치'의 허구를 나타내겠다는 겁니다. '지정된'이라는 것은 뜻을 만들어 내는 구조 안에 있다는 뜻이지요. '의미화'는 의미sign를 만들어 내기로서의 지정하기assigning를 뜻해요. 의미화는 뜻을 나타냄만을 뜻하지 않아요. 파농은 바로 이러한 지정 체계를 해지하려는 겁니다.

"내가 아들러주의자였더라면." 7장 A절 말미에 파농은 자신이 일개 헤겔주의자a Hegelian일 뿐 아니라 실은 적절한 헤겔주의자the appropriate Hegelian임을 우리에게 보여 줍니다. 자신이 체계를 향해 아니라고 말하는 법을 알기 때문이라는 것이지요. 달리 말해 그는 들어와서 사용하고 있어요. 들어와서 사용한다는 것, 바로 긍정적 사보타주지요. 바깥에서 아니라고 말하는 건 헤겔의 사유라는 이 비상

19   Fanon, *Black Skin, White Masks*, p.168〔『검은 피부, 하얀 가면』, 211~212쪽〕.

한 기계를 잃는 짓이에요. 그는 말합니다. "내가 아들러주의자였더라면" 네게 지정된 자리에 남겠다는 데 네가 동의해야 한다는 걸 믿는다고 말할 텐데.[20] 프랑스인들이 '지정하기'assigning라고 부르게 될 것을 독일인들은—구조적인 그림 안에서—페어헬트니스Verhältnis라고 불렀어요. 마르크스, 헤겔, 칸트 같은 이들이 페어헬트니스라는 단어를 사용할 때 뜻하는 바는 에피스테메 도식 같은 구조적 그림 안에 있는 적절한 자리예요. 파농이 말한 바로는 지정된 assigned 자리고요. 달리 표현하면 그는 이렇게 말하는 겁니다. 내가 아들러주의자였더라면 모종의 제한된 헤겔주의적인—『정신 현상학』이 묘사하는 것은 벌어진 일인데, 너는 그 일에 고정되어 있고 그 일은 고정되어 있으니 그 일을 믿는 것이 나은바, 그것이 네 페어헬트니스라는—위치를 제시했을 텐데. 파농은 말하지요. 그렇게 말하느니 차라리 이리 말하겠노라고. 〔의미를〕 지정하는 것은 에피스테메 도식의 필연성이 아니라 환경의 우발성이라고. '네가 이렇게 말하면 나머지는 따라올 거야'라는 장담은 사회주의를 해지해 버린 '혁명적' 오류예요. 사회 정의를 향한 의지와 의식화를 곧바로 잇는 길은 없어요. 저는 문학적 훈련이 저 막힌 길을 풀 수 있으리라고 주장해 왔어요. 물론 보장은 없지요. 어쩌면 칸트도 이걸 암시했을 거예요. 「계몽이란 무엇인가」(1784)의 "자유만 주어진다면 계몽은 거의 확실하게 따라올 것이다"[21]라는 문장에서 "거의"beinahe라는 단어를 사용함으로써요.

---

20 Ibid., 번역 수정〔같은 책, 212쪽〕.

파농은 헤겔로 들어서기에 앞서 문자 이전의 하나의 헤겔을 행하고 있어요. 그런 게 바로 이 챕터가 하는 일이지요. 말하자면 그는 하나의 소문자 h 헤겔을 행하고 있어요. '나는 나르키소스고〔…〕나 이외에 아무것도 아님.' 파농에게 마르티니크 사람이란 한 명의 나르키소스예요. 타자란 자아의 이미지를 스스로에게 되비추는 임무를 제외하면 죽은 자고요. 이런 상황에서 마르티니크에는 "정상의 남자, 고위층, 아무래도 상관없는 자가 있다"[22]는 것이지요. 이것은 헤겔의 철학적 사유의 단위인 철학소의 극화, 더 정확히 말하면 무대화 즉 미장센이에요.

파농의 텍스트는 독자에게 헤겔에 관한 절〔7장 B절〕을 어떻게 읽을지를 훈련시켜요. 문학 독자에게는 대부분의 텍스트가, 끔찍한 텍스트조차, 하나의 교류 공간transactional space이지요. 이는 텍스트라는 것이 여러분을 다른 텍스트의 운동 안으로 들어가게 함으로써 윤리적 반사 작용reflex을 준비시킨다는 거예요. 독자는 '내가 헤겔을 어떻게 읽을 수 있는가' 또는 '내가 파농을 어떻게 읽을 수 있는가'를 생각하는 것이 아니라 오히려 '텍스트가 나를 어디로 데려가는가'를 묻지요. 저는 텍스트를 특정한 포스트식민적 방식으로, 특정한 페미니즘적 방식으로, 기타 등등의 다른 방식으로 읽으려는 욕망을 미뤄 놓고 있어요. 독자로서 참

---

21   Immanuel Kant, "What Is Enlightenment?" in *Kant On History*, Lewis White Beck ed. and trans., New York: Macmillan, 1963, pp.3~10, 이 대목은 p.4〔「계몽이란 무엇인가 하는 문제에 대한 답변」,『계몽이란 무엇인가』, 임홍배 옮김, 길, 2020, 30쪽〕.

22   Fanon, *Black Skin, White Masks*, p.165, 번역 수정〔『검은 피부, 하얀 가면』, 207쪽〕.

는 겁니다.

혜겔을 읽는 파농을 읽기 위해서는 여러분이 먼저 스스로 혜겔을 세심하게 읽어야 해요. 파농을 통해서만 혜겔을 읽을 수 있는 건 아니잖아요. 이제 여러분은 알게 됩니다. 우리가 혜겔이라는 통로로 들어서기 전에 파농이 비-철학적인 관용어로 혜겔을 미리 무대화하고 있다는 것을요. 반복하거니와 모든 텍스트는 교류적이며, 그것들은 텍스트뿐 아니라 세계를 어떻게 읽을지를 가르쳐 주지요. 혜겔에 관한 절은 인정에 관한 겁니다. 그리고 스스로를 텍스트 안으로 유예시켜 텍스트가 무엇에 좌우되는지를 알아내는 방식으로 파농의 읽기 전반부를 읽어 낸 것만으로도 이미 여러분은 혜겔 안에 있는 프란츠 파농의 목소리를, 주인-노예 변증법을 연기하는 그 목소리를 인정하는 것을 배운 거예요. 그것이 혜겔 이전의 혜겔임을 여러분이 인정하지 않을 수도 있겠지요. 그래도 여러분은 확실히 이 **주체**의 그림에 다다를 겁니다. 그건 나르키소스예요. 그는 고정되어 있어요. 그는 타자의 눈에서 자신의 힘의 이미지를 보길 원해요. 또한 여러분은 '나는 내게 지정된 자리를 받지 않겠어'라고 말하는 누군가를 보게 될 거예요. 여러분이 프랑스어의 역사에 대한, 그리고 독일 철학의 역사에 대한 약간의 감각을 지닌 문학 독자로서 세심하게 읽는다면 이런 전개 안에 있게 될 겁니다. 이것이 바로 '나는 완전히 무지렁이일 뿐이야'라고 말하는 발상이, '모두'가 지식인이라는 그람시의 통념에 따르자면, 수치스러운 이유지요. 그렇다면 우리는 대학을 불태워야 할 테니까요.

'무언가가 따라올 것이다'라는 토포스는 교육 철학에서

흔한 주제예요. 파농은 이렇게 쓰고 있어요. "나는 종종 학교 감독관과 부서장 들이 자기네가 식민지에서 무슨 짓을 하는지를 아는지 궁금하다. 학교 프로그램에서 20년간 그들은 필사적으로 **흑인**을 백인으로 만들고자 애쓰고 있다."[23] 게다가 파농은 정말로 초등 교육에 관해 논하고 있지요. 그것 말고는 20년 운운할 학교가 없어요. 성인 수준에서의 욕망들의 재배치를 인민 운동 내부에서 착수하는 것에 관한 질문들은 물론 긍정적인 답을 갖지요. 그런데 아동들에게 그러한 것을 행하는 일을 시작한다면 훨씬 더 어려운 일을 하는 거예요. 확실히 그래요. 그래도 그것은 궁극적으로 아마 더 많은 결과를 낳을 겁니다. 왜냐하면 아동교육은 젖은 시멘트에 글자를 쓰는 것과 같으니까요. 원컨대 시멘트가 굳으면서 거기에 습속이 자리 잡게 될 거예요. 그러므로 책임 역시 얼마간 더 크지요. 벤야민은 「폭력 비판을 위하여」에서 "신적인 폭력"으로서의 교육에 관해 다음과 같이 쓰고 있어요.

신화적인 폭력은 그 자체를 위해 단순한 삶에 가해지는 유혈 권력이다. 신적인 폭력은 살아 있는 자를 위해 모든 삶에 가해지는 순수 권력이다. 전자는 희생을 요구하고, 후자는 희생을 수용한다.

이 신적인 권력은 종교 전통에서 입증될 뿐 아니라, 또한 오늘날의 삶에서는 적어도 하나의 신성시되는 발현 안에서 확인된다. 완벽한 형식에서 법 바깥에 위치하는 교육

23 Ibid., p.168, 번역 수정〔같은 책, 212쪽〕.

권력이 신적인 권력의 발현 중 하나다. 따라서 그 발현들은 신에 의해 직접 수행되는 기적에 의해서가 아니라 발현들 안에서 유혈 사태 없이 타격하는 속죄 계기에 의해, 그리고 종국엔 모든 입법의 부재에 의해 정의된다. 이런 한에서 이 폭력을 또한 절멸하는 폭력이라 부르는 것이 정당해진다. 하지만 그것은 오로지 상대적으로만, 재화, 권리, 삶, 기타 등등과 관련해서만 절멸할 뿐이며, 절대적으로는, 살아 있는 자의 영혼과 관련해서는 결코 절멸하지 않는다.[24]

두 보이스 역시 교육이라는 이념에 헌신했지요. 그에게서는 '프롤레타리아 독재'가 프롤레타리아를 창의적인 유권자 시민으로 교육하는 것과 내밀하게 접속되었을 정도였어요. 그람시에 관해 말하자면 앞서 강조했듯 '지식인들'에 대한 그의 문헌은 사실상 교육에 초점을 맞추고 있지요.[25] 『흑인의 재건』(1935)에서 두 보이스의 원숙한 분석은

24 Benjamin, "Critique of Violence", Edmund Jephcott trans., in *Selected Writings, Vol. 1, 1913~1926*, Marcus Bullock and Michael W. Jennings eds., Cambridge, MA: Harvard University Press, 1996, pp. 236~252, 이 대목은 p. 250 (「폭력 비판을 위하여」, 『역사의 개념에 대하여, 폭력 비판을 위하여, 초현실주의 외』, 111~112쪽).
25 그람시는 투옥되기 전에 이미 노동자 평의회에 대한 논쟁적인 발상을 제시했으니, 이는 노동 조합이 한층 조직적이고 체계적이라는 발상에 대한 하나의 교육적인 대리 보충이며, 조합과 당 사이에 하나의 접속을 확립하는 것이다. 옥중에서 생각할 시간을, 토리노 파업이 도대체 어째서 실패했는지를 검토할 시간을 가졌을 때 그는—의회적인 것을 '의회 크레틴병'이라 불리곤 하던 것으로 방치해 두기보다는—의회적인 것을 교육해야 한다고 완전히 확신하게 되었다.

남북 전쟁 종전 무렵 격렬한 투쟁 끝에 도입된 미국 수정 헌법 13~15조가 미국의 인종주의 때문에 실패했다고 독자를 설득합니다. 그 책은 주로 주민 전체의 교육에 관한 것이고, 그가 "역사의 프로파간다"라 부르는 그것에 대한 맹비난이지요.[26] 그는 역사 수업에서 가르치는 일반화들을 인용합니다. 컬럼비아 대학의 역사 강좌도 포함해서요. 파농과 마찬가지로 두 보이스도 백인이 되도록 훈련시키는 교육에 관해 논평하고 있어요.

이들 활동가 지식인이 이런 유형의 교육에 그토록 관심을 기울이는 이유는 그것이야말로 창의적 활동이기 때문이에요. 이성만 있을 때의 취약함을 대리 보충하는 활동이지요. 이들은 단지 헤겔을 정확하게 또는 부정확하게 읽고 있는 것이 아니에요. 그리고 오늘 제가 강조하는 바는, 문학 비평 교사를 포함해 모든 교사가 상상력의 활동가라는 것이고요. 상상력은 정확한 묘사들을 생산하는 것만의 문제가 아니에요. 물론 그런 묘사들이 생산되어야 해요. 하지만 그것들은 언제나 반박될 수 있어요. 그렇지 않다면 누구도 박사 학위 논문을 쓸 수 없겠지요. 아울러 상상력 훈련 방식에 대한 이해가 있어야만 해요. 그래야 타자의 눈에서 자기 자신의 힘 있는 이미지를 보려고 기다리는 나르키소스와는 다른 어떤 것이 될 수 있어요. 그처럼 기다리는 것 또는 시중들기나 대학들의 서열 따위는 교육의 희화화이

---

26 Du Bois, *Black Reconstruction in America: Toward a History of the Part Which Black Folk Played in the Attempt to Reconstruct Democracy in America, 1860~1880*, San Diego, CA: Harcourt, Brace, 1935.

니 이를 유념하세요. 미국의 60년대가 우리에게 가르쳐 준 것은 대학에서 스스로 떠나거나 인민 동맹 토론회를 여는 것으로는 유구한 대학 구조를 변혁하지 못한다는 거예요. 여기서도 역시 필요한 것은 비평적 거리가 아니라 비평적 내밀함이에요.

박사 학위 논문을 쓰는 동안에도 파농은 이렇게 쓸 수 있었어요. "나는 종종 학교 감독관과 부서장 들이 자기네가 식민지에서 무슨 짓을 하는지를 아는지 궁금하다." 이것이 제가 앞서 묘사한 두 걸음의 사례입니다. 파농은 이 관리들이 식민지 아동을 파괴하고 있다고 주장하면서도 단순히 그들을 탓하지는 않아요. 이 점이 주목할 만하지요. 그는 이들이 스스로 하는 짓을 알지 못한다고 말하고 있어요. 이것이 벵골에서의 제 경험을 정확히 확증해 준다는 걸 여기서 부언하고 싶군요. 중등 교육 주 위원회는 선의를 갖고 있지만 자신들의 노력이 야기하는 바를 알지 못해요. 그들은 몰라요. 최하층 유권자가 어떤 정신 상태인지를. 어떤 욕망들이 비강제적 재배치를 필요로 하는지를. 지적 노동권이 유구하게 보류되어 온 것과 관련해 책의 사용이 책 자체에서 어떻게 가능해져야 하는지를. 모른다는 것이 개인적 유죄의 문제는 아니지요.

(이러한 맥락에서 다음을 언급하고 싶어요. 인도 엘리트 대학의 영문과 박사 과정 학생이고 교사인 우리에게 영문학이 사보타주할 수 있는 무장벽성의 사례를 제공한다면, 이러한 작업을 수행하도록 계급적 감수성을 지닌 집단을 준비하는 것은 선의를 가진 "감독관과 부서장"의 인가된 무지라는 문제 때문에 고통받는다는 점을요. 우리의 논증에 확장적으

로 가담하려면 분석하고 개입하는 능력의 발전이 요구될 겁니다.)

우리에게 새 교과서들이 필요하다면, 교과서가 그것을 사용할 정신들에게 관여적이어야만 해요. 타고르의 정교한 교과서들은 어떤 지침도 주지 않아요. 왜냐하면 그는 이미-고취된 중간 계급을 상대로 쓰고 있으니까요. 파농도 이것을 알아요. 이런 이유로 그가 헤겔에게 들어가기에 앞서 교육을 강조하는 것이라고 저는 생각해요. 제가 이 대목을 여러분과 공유하면서 강조하려는 바는, 우리가 읽을 때 우리는 헤겔에 대한 정확한 묘사를 생산하기 위해서만 그렇게 하는 것이 아니라는 겁니다. 오히려 우리는 읽기 위해 읽지요.

더 나아가 볼게요. 대리 보충 안에 있는 계산할 수 없음이라는 위험 요소로 모험적이지만 들어가 보겠습니다. 파농이 헤겔에게 들어가기에 앞서 이렇게 쓰는 이유는 헤겔이 한 명의 백인 멘토이기 때문이라고 저는 짐작합니다. 서유럽 특유의 인종이지요. 텍스트가 다음과 같이 묻고 있는 건 아닌지 상상해 볼 수 있어요. '내가 나 자신을 헤겔의 **주체** 자리에 놓음으로써 나 자신을 백인으로 만들려 하는 건가?' 제가 이것을 강조하고 있는 까닭은 그람시와 두 보이스와 파농 등등이 지닌 교육에의 이러한 강박을 독자들이 보지 못하기 때문이에요.

텍스트는 어떤 대답을 줄 수 있을까요? "그렇기도 하고 아니기도 하다." '아니다'라고 대답하는 것은 자기도 모르게 하는 전도에 의한 정당화legitimation by reversal예요. 이러한 위반의 계기 덕분에 우리는 비평적 내밀함을 가지고 들어가 긍정적 사보타주를 작동시켜 볼 수 있는 것이지요. 도구의 맞춤한 목적을 훼손하는 데 바로 그 도구가 사용될 수 있도록 도구를 변화시키는 것이 긍정적 사보타주라고 우리는 거듭 말해야만 해요. '그렇다와 아니다'에서 '그렇다'라는 대답은 우리에게 하나의 발판을 제공하지요. 우리가 세심하게 읽고 신호들을 따라간다면 텍스트는 우리가 읽을 때 찾아야 하는 것을 아는 위치에 우리를 놓거든요. 일정한 방식으로 읽도록 텍스트가 우리를 준비시키는 것이지요. 그렇지만 어떤 욕망의 표현 또는 무대화가 곧 욕망이 텍스트에서 충족됨을 뜻하는 건 아님도 기억할 필요가 있어요. 철학에서는 문제를 진술하는 것이 충분히 어려운 임무예요. 독자가 욕망에 참여할 수 있도록 〔텍스트가〕 욕망을 펼쳐 낼 수 있는 것이 첫 단계입니다. 우리가 예이츠에게서 보았듯이 오류들 자체가 텍스트에 의해 무대화될 수 있지요. "싫증내지 않고 여전히, 짝지어, / 녀석들은 물장구치네 차갑고 / 동무 같은 물결 속에서 또는 허공으로 날아오르네." 하지만 "바위 사이에 넘실거리는 물 위에는 / 아홉-하고도-쉰 마리 백조가 있어".[27] "아홉-하고도-쉰 마리 백조"는 좌초할 욕망을 자명하게 무대화합니다. 혹은 "이십여 분 남짓 나는 축복받았고 축복할 수도 있었으리"에는 구원의 확신과 구원의 행위 능력을 방해하는 시간의 길이가 있어요. 텍스트는 어떤 욕망을 보여 주지만 그것의 충족을 보여 주지는 않습니다. 하나의 평서문이 의문문이

---

27   Yeats, "The Wild Swans At Coole" in *Collected Poems of W. B. Yeats*, p.187〔「쿨 호의 야생 백조들」, 『예이츠 서정시 전집 2』, 429, 431쪽〕.

되는 거예요. 독자는 읽기를 배우고요. 독자는 텍스트가 무엇을 위해 자신을 준비시키고 있는지를 보고, 이어 헤겔 읽기를 시작합니다. 이는 헤겔의 책으로부터 시작하는 것일 뿐 아니라 어느 이례적인 작가의 텍스트성에 들어섬으로부터 시작하는 것이기도 해요. 그 작가는 마르티니크 출신으로 독자들과는 완전히 다르지요. 그는 1961년에 죽었어요. 텍스트 말곤 우리에게 아무것도 남기지 않았고요. 이러한 종류의 훈련이 윤리적 반사 작용의 근력을 더 강하게 만듭니다. 요컨대 우리가 이처럼 이례적인 남자의 유산인 텍스트성에 들어섰고, 〔우리의〕 읽기를 그의 텍스트가 명하는 운동이 되게 하는 것을 배웠지요. 정작 우리가 정확하다는 보장은 없지만요. 그것이 또한 중요해요. 심장 강화 운동을 할 때도 막상 내일 심장 마비가 와 죽을지 알지 못하잖아요. 정신이 신체보다 덜 중요한 건 아니지요. 다음 단계는 읽기들을 동결시키지 않는 것이고—독자들이 교사가 되는 거예요! 우리는 헤겔에게 들어설 준비가 되었어요.

후기: 젠더

철학소를 서사소처럼 다루는 것, 철학함의 한 단위를 스토리처럼 다루는 것이 온당치 않음을 상기했어요. 이러한 '오류'가 헤겔의 『정신 현상학』을 상대로 일관되게 범해졌음을, 어떤 면에서는 텍스트가 그것을 요구함을 주장했고요. 그러면 이제 또 다른 쉬운 의도된 오류를 범해, 또 다른 자기 의식의 출현에 대한 헤겔의 묘사에서 젠더의 추상할 수 있음abstractability of gender이라는 계기를 찾아봅시다.

젠더의 추상할 수 있음이라는 계기가 추상화로의 접근

을 허용하는 것임을 유념합시다. 바로 이 도구 즉 무기 덕분에 장차 수 세기 동안 이른바 추상과의 해후가 가능해질 거예요. 18세기에는 자본이 그런 추상이지요. 그리하여 여성 지도력 및 법 앞에서의 평등이라는 주제가 등장하기 시작합니다. 계급의 다양성 외에 다른 다양성은 없는 채로요. 여기서 요점은 추동력으로 인정되지 않던 젠더가 역사의 운동에 의해 가능해진 뒤늦은 아이템으로 이제 도입된다는 거예요. 이제부터—남성, 여성, 퀴어—지도력 연구는 전위의 생산물이 되지요. 그 생산이 얼마나 단편적이거나 특수하든 간에요. 엘리트 제도의 무기로 이 제도와 싸우는 법을 배우고 자애로운benevolent 성 차별주의자와의 공모를 감수하면서 우리는, 아마도, 깨닫습니다. 자기-비판의 필수적인 계기를 제공하고, 반대에서 대안으로의 이동에 반드시 따라오는 계급 특권에 대한 보호를 제공함으로써만 우리는 학계 바깥에서, 거리에서, 정당화된 자기-이해 관계 안에서 싸우는 이들을 도울 수 있으리라는 점을요. 제가 "아마도"라고 말한 이유는 싸우는 전위와 거리 안팎의 아무개를 나누는 영속적인 분할을 삭제하려는 유혹이 너무 크기 때문이에요. 이러한 공모가 비극이 아닌 소극으로 영원히 인정될 때만 비로소 우리는 이것을 긍정적 사보타주라고 부를 권리를 얻지요.

이러한 정신에 입각해 헤겔『정신 현상학』에서 주인-노예 절이 시작하기 전에 나오는 몇 쪽을 다르게 살펴볼 거예요. 해당 부분에서 헤겔은 저 스토리를 예비하지만, 울타리의 양쪽 모두에 서서 통상적인 학계의 해방적 실천인 자기-재현을 모방하는 여성 또는 퀴어 들에 관한 세부 플롯을 찾으려 하지는 않아요. 저는 견고한 긍정적 사보타주를 위한 공모임을 알아차릴 수 있는 경로 위에 있어요. 그러니 저는 무엇보다도 늙은 유럽학 선생입니다.

이 결정적인 부분에 있는 헤겔의 통합체적인syntagmtic 실천으로 다시 돌아간다면, 에피스테메 도식이 확실성에서 확실성으로, 게비스하이트에서 바르하이트(진리)를 거쳐 베부스트자인(의식)으로, 단순한 상태에서 존재로, 하이트로 끝나는 단어에서 자인으로 끝나는 단어로 운동한다는 걸 발견하게 됩니다. 젠더화의 통합체들에 도달하려면 완전히 상이한 길로 가야 해요. 왜냐하면 젠더는 추상할수 있음의 한 도구인데, 이 도구가 너무나 오래된 나머지 그것의 경로를 따라가려면 합리적 비판과는 다소 상이한 비평적 내밀함의 방식들을 발전시켜야 하거든요. 그것은 이성에 선행하지요. 비교 문학은 제1언어 학습에서 그것의 모델 하나를 확인합니다. 저는 확실히 젠더화의 통합체들을 읽고 있는 것이 아니며, 심지어 읽으려고 시도하는 것도 아니에요. 제가 저 복수의 자리에 위치하는 담론성에 들어설 수는 있어도 특권적인 화자일 수는 없어요. 그 담론성은 우리가 언제나 기억하고 간과하는 어떤 것이지요. 달리 말하면 그 담론성이 우리가 그 담론성을 간과하는 등등을 무한히 할 수 있도록 해 준다는 걸 우리가 기억하는 겁니다. 이것을 느슨하게 유념하면서 헤겔의 저 몇 쪽으로 다시-들어가겠습니다.

그러면 산업 혁명 안에 있는 페미니즘의 발단에 대해 이처럼 둥지를 틀듯 떠올렸던 것을 헤겔의 스토리와 다시 비교해 봅시다. 이 단계에서 베부스트자인은 다만 에피스테메 도식의 한 계기일 뿐이지요. 우리가 입말로 '의식'이라고 할 때 이해하는 그것이 아니에요. 베부스트자인은 자체 내부에 어떤 대상의 가능성을 함유하는데, 이 단계에서 그 대상은 하나의 대상으로서의 자기-의식이고, 이 또한 우리가 입말을 할 때 그와 같은 것으로 인정하는 그것과는 닮지 않았어요(그러므로 언어에서 말의 힘은 물론 이런 싸움에 있어요. 여기 있는 것은 철학함의 이중 구속이에요. 거리에서의 싸움이 아니지요. 차라리 적과 비슷한 것이에요. 양극화하고 스스로를 전위로 만들어 서발턴 독재를 수립하는 것을 원하면서도 반대보다는 대안을 원하는 이중 구속 말이지요). 사실상, 그리고 물론, 에피스테메 도식은 시간에 관한 것일 뿐 아니라 시간을 재현하는 공간적 직관이기도 해요. 그러니 이것은 '현실의' 자기-의식에 관한 것이 아니지요. 이 자기-의식의 유일한 기능은 헤겔 텍스트에서 다음 단계에 나와요. 그 기능이란 자신을 무화시킴으로써 타자성과 차이를 설정할 수 있게 되는 것이지요. 이러한 것이 주인-노예 부분 앞에 나오는 단락들에서 헤겔 텍스트가 말하는 바예요. 이 단계에서 **주체**는 어떤 것도 '할' 수가 없어요. 그것은 다만 **절대지**의 프로그램에 의해 모든 것을 무화시킬 따름이에요. 그러니 다른 어떤 일이 일어날 수 있지요. 철학적인 측면에서 (제가 앞서 시사한 모든 수반되는 이중 구속을 지닌) 어떤 원리는 어떤 무가 되어야만 합니다. 여러분이 그것을 서사로 만들어 낸다면 인물은 일정한 방식으로 연기해야 하고, 헤겔은 철학을 무화시킬 저 위험한 대리 보충 주변을 맴돌지요.

봉건제에서 자본주의로의 이행 내부의 이 지점에서 페

미니스트인 우리는 의식 출현의 무대화와 더불어 젠더를 심리학화하면서 가지고 놀아야 해요. 헤겔이 자기 자신을 가지고 놀듯이요. 파농은 헤겔로 들어서기 전에 자신이 헤겔을 읽는 방식을 우리에게 말해 주지요. 그렇듯이 저도 여기서 헤겔에게 있는 서사소에서의 위반적 운동이 제게 말해 주는 바를 보려고 노력해요. 요컨대 이성의 담지자로서의 자본주의로의 이행보다는 차라리 젠더 서사에 관해 오류를 범하는 방식을 제게 말해 준다는 겁니다. 잘 주시하세요. 과연 헤겔에게서 베부스트자인의 기능이 그 자신을 무화시킴으로써 타자성과 차이를 설정할 수 있음인지. 그렇다면 이 역설적 움직임은 젠더 투쟁의 초기 운동들에 비교될 수 있는지. 이 운동들은 타자성과 차이를 무화시키니까요. 물론 이렇게 비교하는 건 오류를 범하는 겁니다만. 헤겔에게는, 이런 일이 일어날 때, 종species이 일반적 흐름 general flow에서 분리되지요.

마르크스의 『1844년의 경제학-철학 수고』에서 우리의 헤겔적인 계기는 유적 존재species-being, Gattungswesen와 유적 생명species-life, Gattungsleben 사이의 차이에 있어요. 여러분이 헤겔의 해당 부분을 읽으면 그가 이성의 출현을 위한 완전한 파괴(부정)를 말하고 있음을 알게 될 거예요. 반면에 그것을 심리학화한다면 파괴는 하나의 인정이 되지요. 이는 현실적인 인정 또는 현실적인 파괴가 아니에요. 다만 철학의 흐름에서, 운동하는 것으로서의 에피스테메 도식에서, 단순히 경험적인 어떤 역사를 따라가는 것으로서의 종에서 분리해 나가기입니다. 헤겔 철학은 저 위험한 자가-성애auto-eroticism에, 자가-성애 자체의 역사로의 거짓 지양Aufhebung에 빠져듭니다. 여러분이 학계의 최고 엘리트층으로 정당하게 진입하길―교육 기계 안에서, 위태롭게 바깥에 머물기를―원한다면 이는 (부인된) 전위주의의 자가-성애에 관여하는 위험한 경로인 것이지요.

하여 거듭 말하거니와 헤겔이 자본주의 출현의 서사를 암시할 때 그에게서는 모종의 은밀한 분리도 일어나요. 물론 이 서사 자체는 여러분이 거기에 식민화를 집어넣으면 엉망이 됩니다. 그 이야기를 여기서 건드릴 수는 없어요. 페미니즘을 논하는 중이니까요.

종이 일반적 흐름에서 분리될 때, 일반적 흐름은 헤겔에게 명명되지 않은 채로 남지만 텍스트적인 함의에 비춰 보자면 그 흐름은 생명이라 불릴 법한 어떤 것이에요. 비록 비철학적인 명명이지만요.

이것이 생명일 수도 있음을 우리는 어떻게 아나요? 해당 부분 전체는 (전전 단락에서) 안 뎀 레벤an dem Leben이라는 기호 아래 서술됩니다. 이것이 영어로는 '**생명**의 영역에서'In the sphere of Life라고 번역되고요.[28] 하지만 독일어 입말에서 이 '안 뎀'은 '생명에서'in life, '생명의 관점에서'in terms of life 등등의 뜻이에요. 이것은 헤겔이 우리에게 보내는 신호입니다. 그는 절대적으로 다루기 어려운 철학적 논증을 펼쳐요. 그 논증에는 인간 관련 사례가 없어요. 다른 한편 독자는 안 뎀 레벤에서 그 사례를 읽고자 할 수도 있겠지요. 라틴어 표현 '영원성의 관점 아래서'sub specie aeter-

28   G. W. F. Hegel, *Phenomenology of Spirit*, A. V. Miller trans., Oxford: Oxford University Press, 1977, p. 110 [『정신 현상학』, 임석진 옮김, 한길사, 2005, 218쪽].

nitatis는 우리에게 단순히 경험적인 고려에서 벗어나기를 요청합니다. 1997년에 저는 지구에 관해 논하면서 이것을 약간 변주했어요. "지구를" 영원성보다는 차라리 "타자성의 관점 아래서 본다"고요.[29] 헤겔은 이 모든 것이 생명의 종(관점) 아래서도 읽힐 수 있다고 암시하지요. 말하자면 그래서 스토리 라인이 하나의 의도된 오류로 들어와 철학적인 것을 해지하는 겁니다.

추상화의 더 높은 수준에서, 그러니까 철학을 서사로 바꿔 쓰는 우리의 오류 안에서 우리는 이것을 자기-의식적인 추상화 양식에서 젠더를 분리해 내기라고 부를 수 있어요. 왜냐하면 추상화의 도구로서 젠더가 자기 의식적이지 않게 사용되기 시작하는 것은 신성한 것과 세속적인 것이 교류를 개시할 때니까요. 인간의 자연적 본성이 이른바 자연과 구별되는 것으로 확립될 때 말이지요(계통 발생을 희롱하는 개체 발생?).

제가 여기서 헤겔로부터 발췌한 대목은 '지배lordship와 예속bondage' 바로 앞 부분에 있어요. 우리가 서사적 계기에 머문다면, 헤겔은 우리에게 이것이 봉건제에서의 이행이라 생각하라고 권합니다. 영주lord와 농노는 봉건적이니까요. 이미 언급했듯이 헤어Herr 즉 영주라는 단어는 주님을 뜻하기도 하지요. 그래서 해당 부분의 표제를 종교, 특히 기독교의 철학으로의 지양이라고 달아 볼 수도 있겠어

---

29 Spivak, "Planetarity" in *Death of a Discipline*, New York: Columbia University Press, 2003, pp. 71~102, 이 대목은 p.72(「전지구성」, 『경계선 넘기』, 문화이론연구회 옮김, 인간사랑, 2008, 143쪽).

요. 이 부분에서 이루어지는 지양은 칸트와 헤겔 모두의 짐이지요. 그저 기독교적인 세속주의가 시작됩니다. 이 세속주의가 꼬리표가 없다고 가정되는 (유럽) 세속주의가 되도록 이 철학자들이 긍정적으로 사보타주해요. 바로 후자의 세속주의가 우리의 페미니즘 투쟁 중에서 이슬라모포비아에 속하는 일부고요. 제가 소묘하는 교훈을 종종 망각하는 특정 전위주의 페미니즘이지요.

그렇지만 우리의 목적에 비추어 다음을 언급해야만 해요. 젠더, 여성, LGBTQ의 역사 서사 전부도 주인-노예 변증법에 따라 읽어 낼 수 있다고요. 노예가 주인의 주인됨을 규정하는 변증법 말이지요. 저 스토리는 아직 끝나지 않았어요.

저는 다만 이것을 헤겔을 읽는 파농 읽기에 하나의 후기로 넣고 싶군요. 여기서 파농이 문제의 일부기 때문이지요. 파농의 텍스트를 읽을 때 우리는 스스로에게 말해야 해요. 저 스토리는 아직 끝나지 않았다고요. 저는 여전히 여성 지도력에는 관심이 없어요. 물론 젠더 투쟁의 유리 천장이 중요하지 않은 건 아니지만요. 우리는 여기서 봉건제가 자본주의로 이행하면서 출현하는 이른바 추상을 살펴보고 있어요. 이른바 추상이 출현함에 따라, 우리의 가장 오래된 추상화 도구인 젠더 역시 자신의 추상할 수 있음을 발휘합니다. 그리하여 자본의 법칙에 따라 젠더는 유럽의 18세기 말 신생 자본주의 안에서 자신의 시작을 추상하지요.[30] 이

---

30   이 후기는 Spivak, "Getting a Grip on Gender"(lecture), Atelier Genre Condorcet, Paris, 10 July 2013에서 끌어온다.

것은 매우 복잡한 스토리예요. 지금은 이것에 작별 인사를 하겠어요. 우리는 일괄해 이 스토리를 논외로 합니다. 헤겔의 텍스트를 읽고, 헤겔을 읽는 파농의 텍스트를 읽는 것이지요. 우리는 불연속적인 텍스트성들의 이러한 집합에 대해 우리가 미래에 행할 읽기를 향한 신호들을 집합시켰어요. 모험은 여러분의 것이에요. 저는 파농이 어떻게 저를 준비시켜 헤겔을 읽게 하는지를 여러분과 조심스럽게 공유했어요. 이렇게 말할게요. 제 강의를 듣고 여러분이 다음 번에는 직접 발췌해 읽어야겠다고 느끼면 좋겠어요. 선생이 그 발췌를 요구하든 아니든 읽기를 위해서는 발췌 준비 방식을 살펴봐야 해요. 선생이 요구하는 것은 절대적 최소치지요. 선생이 여러분의 주인이 되도록 놔두지 말아요. 그리고 물론, 번역 속의 문제들에 접근하는 길을 찾고자 노력하고요.

질문들

1 영토 안에서 신체적 움직임

칸트가 여행을 다닌 적이 없다는 사실을 논평할 때는 모두가 칸트는 아니라는 점을 기억해야만 해요. 그를 우리가 교육하는 일반적 정신의 사례로 간주할 수는 없지요. 일반적 정신이라는 것이 있다면요. 다른 한편 여행 또는 디지털 여행이 그 자체로 무언가를 가르치지는 못해요. 나쁜 교육이 이루어지는 지점들이 있지요. 예컨대 포르노그래피, 해킹, 절도, 도박, 생각할 마음이 전혀 없는 채로 하는 블로그, 민주주의인 척하는 패거리 등등이요. 이런 가망 없는 상황에서 디지털이 사용되는 방식과는 다르게 디지털을 사용할 수 있는 사람들을 양성하는 데 저는 더 관심이 있어요.

신체적 움직임physical movement에 관해 말하자면 그것은 여러분이 어떻게 움직이는지에 달려 있지요. 여러분이 비평적 내밀함이라는 까다로운 길에 스스로를 어떻게 열어 놓는지, 여러분의 기대는 무엇인지, 여러분의 제도적 접속은 무엇인지, 여러분 자신 또는 타자 등을 위한 여러분의 검토되지 않은 문화주의는 무엇인지 같은 것들에 달려 있다는 것이지요. 이 모든 일은 '사유와 연관 맺기'를 통해서가 아니라 선행 준비 단계에 여러분에게 일어납니다. 그 선행 준비는 아마도 문학적 읽기 안에 있겠지요.

제가 가르치려 시도하는(시도하고 실패하는) 것은 묘사들을 생산하는 방식보다는 오히려 묘사들을 매우 강한 의미에서 누리는 방식이에요. 누리는 방식을 사람들에게 가르친다는 것, 말하자면 이는 내부 연소 기관 묘사와 운전 교습의 차이 같은 것이지요. 내부 연소 기관을 묘사할 줄 안다는 것은 대단한 일이에요. 다른 한편 운전 교습을 받으려는 누구에게나 그런 걸 요구하는 것은 실제로 운전할 수 있는 이들에게 으스댈 수 있는 상황으로 사람들을 끌어들이는 짓이지요. 그럴 의향이 별로 없는 사람들에게요. 내부 연소 기관을 묘사할 수 있다는 이유로 말이에요!

그것이 우리가 피하고픈 상황 유형이에요. 예를 들면 의료 직종에서 이런 걸 아주 많이 보게 되지요. 저는 의사의 딸이고 의사의 손녀며 의사의 누이예요. 명의들은 약물 치료에 반대합니다. 제 오라비는 이름난 암 수술 전문의였어요. 종양학이 발달하면서 그는 점점 더 수술에 반대했고 결국 동료 의사들의 비웃음을 샀지요. 그는 째고 태우는 화전

식에는 더 이상 관심을 두지 않았어요. 사람들은 묻겠지요. '그토록 종양학을 지향하다니 도대체 당신은 어떤 유형의 외과 전문의입니까?' 저는 그런 관념을 중시한 집안 출신 이에요. 그러니 가르치기 위해서는 저렇게 누리는 것이, 그리고 약해지는 걸 누리는 법을 배우는 것이 내부 연소 기관 묘사를 배우는 것보다 훨씬 더 중요하다고 보는 겁니다.

제가 어떻게 사유와 연관 맺는지 말해 보겠습니다. 이는 제가 삶과 연관 맺는 방식이기도 한데요. 어떻게냐고요? 살아 있음으로써라고 저는 생각해요.

2 보편화할 수 있음을 인정하기: 지젝과 스피노자

저는 그 질문이 제가 이름을 들어 본 적 없는 어느 철학자에 관한 것이라고 생각했어요. 이해할 수 있는 지금에 와서 제가 말할 수 있는 것은 인도의 철학 학파 모두를 알지는 못한다는 겁니다. 차르바카Cārvāka에 관해 무언가를 말할 수 있기 위해 그저 '나는 차르바카주의자 왕들을 알아'라고 말하지는 마세요. 그들은 누구인가요? 우리는 영어 선생들이에요. 우리가 산스크리트어에서 무언가를 사용하길 원한다면, 내가 거기서 어떤 언표를 다루고 있는지를 보여 주어야만 해요(제가 아는 유일한 차르바카의 언표는 이렇습니다. "돈을 빌려 기ghee를 마시다"Rinam kritva ghritam pivet. 제가 이걸 인용한다면 아마도 이방인들에게는 인상적이겠지만, 그건 무의미한 짓이지요).

지젝 뒤에 있는 건 차르바카가 아니고 단순화된 스피노자예요. 어떤 것을 보게 되었는데 그것이 보편자의 부분이 아니더라도 거기서 보편화할 수 있는 것을 알아내려 시도

할 수 있다는 관념이요. 하지만 결코 보편화하지 마세요. 그 요소가 더는 거기에 없을 테니까요. 이것은 스피노자에게 있는 특이성과 윤리적 보편자 문제에 관한 매우 상식적인 해법인데, 여전히 유용합니다. 하지만 하트와 네그리가 하듯 그것을 무매개적인 방식으로 디지털 관념론으로 끌고 가서는 안 돼요. 왜냐하면 스피노자는 어떤 절대주의 국가 안에서 쓰고 있으니까요. 그가 글을 쓰고 있는 저 왕국연합체에는 단일 통화조차 없어요. 스피노자는 하나의 좋은 국가, 하나의 절대주의 국가에 관한 상을 제시하고 있는데, 그는 이것이 문제가 해결될 방도라고 생각하지요. 그의 사유와 관련해 중요한 것은 그 사유 생산의 역사적 윤곽 너머로 그 사유가 여행해 왔다는 점이에요. 그 사유는 어떤 교육도 받지 못한 사람들에게 가치가 있어요. 이 사람들이야말로 보편자에 접근하지 못하지만 그러면서도 보편화할 수 있음the universalizable을 생산할 수 있으며, 니체처럼 연속적 기호 사슬fortgesetzte Zeichenkette을 절단할 수 있지요.[31]

31 Friedrich Nietzsche, *On the Genealogy of Morals*, Walter Kaufmann and R. J. Hollingdale trans., New York: Random House, 1969〔『선악의 저편, 도덕의 계보』, 김정현 옮김, 책세상, 2002, 422쪽〕.

스피박 다시 읽기

1 「세 여성의 텍스트와 제국주의 비판」

1980년대 초반의 제 텍스트를 기억하되, 메리 셸리와 진 리스가 '백인'임도 기억합시다. 이것 또한 우리가 프란츠 파농에게 배운 것이지요. 우리의 과제는 백인이 황인 또는 흑인에게 고약하게 군다는 것을 밝혀내는 데 있지 않아요. 그것은 타자들과 연관 맺는 상이한 방식들에 관한 것이지요. 제 텍스트가 셸리를 권하면서도 리스 역시 추천한다는 점을, 제인 에어를 해지하는 백인 크레올(쿳시처럼)인 바로 그 리스를 추천한다는 점을 기억해야 해요. 저는 백색이라고 해서 무조건 반대 입장을 취한 적이 결코 없어요. 그런 따위의 본질화는 언제나 악의적으로 행해져요. 1978년에 한 수업에서 이러한 읽기를 진행한 적이 있어요. 에드워드 사이드와 저는 틀림없이 사회적 각성의 동일한 파고에 영향을 받았지요. 그때 저는 아직 『오리엔탈리즘』(1978)을 읽어 보지 못한 상태였어요. 정말이지 '포스트식민'에 관해

＊ 강의에서는 스피박의 논평에 앞서 푸네 대학 영문과 석사 과정 학생인 고빈드 판디트 라토드와 박사 과정 학생인 스노베르 사타라발라의 발표가 있었다. 이들의 발표문은 별도로 신청하면 받아 볼 수 있다.

서는 생각도 하지 않았답니다. 그것에 관해 알게 되자마자 저는 포스트식민주의에 대한 비판자가 되었어요. 저는 마하스웨타 데비를 '토착적'이라고 생각하기는 곤란하다고 봐요. 왜냐하면 지금은 '토착적'이라는 수식어가 구미 바깥에 거주하는 누구에게나 적용되기 때문이지요. 그녀는 불굴의 참여 언론인이고, 존경받는 브라만 출신의 말썽쟁이며, 궁극적으로는 다른 그 누구와도 다르지 않게 역사에 영향을 받은 사람이에요. 자애롭게 봉건적인 사람이지요. 그녀의 「프테로닥틸, 푸란 사하이, 피르타」는 하나의 고전이라고 생각합니다.[1] 하지만 그녀가 토착민의 구원자로 자기-재현하는 데는 문제가 있다고 봐요. 우리는 포스트식민성을 세심하고 조심스럽게 실천해야 합니다.

저는 학창 시절에 『제인 에어』를 여러 번 읽었어요. 이런 식으로 읽은 적은 전혀 없었지만요. 제가 〔당시〕 겪은 것은 미국의 메트로폴리스에 온 양심적인 교육 이주자에게 해당하는 전형적인 자전적 계기였어요. 이는 파농의 숭고한 불쾌에 비견할 만한 감정이지요. 그런 욕구 자체는 **미국적 신조**American Creed에 의해 생산되었고요. 인도에서 하인을 거느리는 자라면 누구든 제인 에어가 버사에게 한 짓을 똑같이 합니다. 이 한 편의 소설이 인도에 있는 우리를 계급 너머로 회심케 할 수 있으리라 생각하는 것은 전적으로 비현실주의적이지요. 제가 텍스트에서 암시한 것은 우리가 샬럿 브론테를 인종주의자라 부를 수는 없다는 겁니다. 어

1 Mahasweta Devi, "Pterodactyl, Puran Sahay, and Pirtha" in *Imaginary Maps*, Gayatri Chakravorty Spivak trans., New York: Routledge, 1995, pp.95~196.

두운 색의 토착 물소 괴물을 상징적으로 살해하는 것을 주류 종교가 대제일 의례로 경축하는 이 나라에서 우리가 어찌 『제인 에어』에 잘못된 게 있노라 말할 수 있겠어요? 이것이 우리의 '전통'인데요. 이것을 우리는 에세이의 필자에게 다가가는 맥락에 놓아야 합니다. 그 맥락이란 정형화된 저 자신인 이 필자가 미국을 겪으면서 이렇게 정형화되었다는 것이에요. 계급 없음과 피부색-맹목에 대한 미국의 철학은 타협된 것이고, 이 사실이 이주자 학생에게는 훨씬 뚜렷하지요. 벵골로부터 발화되는 제국주의 스토리는 또한 바드랄로크bhadralok〔영국 식민 통치기에 등장한 벵골 신사층〕계급의 부역 스토리입니다. 저는 '사적인 과거를 구축하기: 어떤 회상으로 써 내려간 페이지들'이라는 제목의 강연에서 이러한 스토리를 말했어요. 벵골에서는 우파든 좌파든 중도파든 혹은 상층이든 하층이든 그 어느 층이든 현실적 목표가 바드랄로크라는 점이야말로 제가 강연에서 지적한 현실적 문제이지요.[2] 저는 확신을 갖고 이렇게 말했어요. 그 이유는 해외가 아니라 콜카타의 벵골인 청중 앞에서, 그 심장부에서 주장을 펼치는 것이 가능했기 때문이에요. 「세 여성의 텍스트와 제국주의 비판」[3]의 시나리오는 전혀 다릅니다.

2   Spivak, "To Construct a Personal Past: Pages from a Memoir"(Dilip Kumar Roy Memorial Lecture), Sri Aurobindo Institute of Culture, Calcutta, 9 July 2010.
3   Spivak, "Three Women's Texts and a Critique of Imperialism", *Critical Inquiry* 12(1), Autumn 1985, pp. 243~261〔이 글은 수정을 거쳐 『포스트식민 이성 비판: 사라져 가는 현재의 역사를 위하여』, 태혜숙, 박미선 옮김, 갈무리, 2005, 179~213쪽에 수록되었다〕.

우리가 이와 같은 글을 읽을 때 정말로 생각해야만 하는 것이 있어요. 백인에게 사랑받는 이주자에게 파농이 보낸 경고에 해당하는 사례가 바로 저라는 거예요. 그래도 제게는 최소한의 분별력이 있어 우리가 그 스토리를 분석할 때 생각해야 할 사실을 언급했지요. 브론테의 것과 같은 바로 그러한 상상력조차 그러한 문화적 자기-재현의 그러한 희생물일 수 있을진대 우리는 얼마나 우리 자신의 것의 희생물일 수밖에 없겠는가라는 사실 말입니다. 이것은 경쟁적 민족주의를 향한 경고지요. 이런 민족주의의 '발흥'으로 인도는 큰 고통을 겪고 있어요. 브론테 소설의 교훈은 우리를 향한 경고지, 백인 여성에게 반대하는 진단이 아니에요. 52년간 미국에서 살고 있고 48년간 교편을 잡은 제가 서양 페미니스트가 되려면 과연 얼마나 오래 걸릴지를 자문해 봐요. 서양 비평에서 유래하는 비평이라면 그것이 무엇이든 간에 지적질과는 매우 달라요. 비평을 허가해 주는 계급 접근을 고려한다면 특히 그렇지요.

제 선생님들은 지금이라면 달리트 기독교인이라 불릴 법한 분들이었어요. 저는 성 요한 교구 여고를 다녔지요. 차루발라 다스가 당시의 훌륭한 교장 선생님이었고요. 유럽 식민주의가 인도에서 어떤 죄를 저질렀든 적어도 그것들은 이들 훌륭한 기독교인을 배출했어요. 「세 여성의 텍스트와 제국주의 비판」에서 제가 "이교도를 인간으로 만들기"에 격분했던 걸[4] 이렇게 이해해 주셔야 합니다. 에피스테몰로지에서의 저러한 부채를 망각한 탓이자, 미국의

---

4 Ibid., p.248〔같은 책, 191쪽〕.

강한 영향을 받아 나온 것이라고요. 여기서 저는 탁월한 동료 학자인 가우리 비스와나탄과 달리 영국 교육이 "정복의 가면"이었을 뿐이라고는 생각하지 않아요.[5]

　그것은 또한 계급 협력의 역사이기도 하지요. 저 자신이 반킴 찬드라 차토파디아이는 물론이거니와 헨리 비비안 데로지오와 마이클 마두수단 두트 등의 지식인이 콜카타의 프레지던시 칼리지 영문과에 세운 전통의 후예입니다. 이 글이 그간 가장 빈번하게 선집에 들어간 텍스트라는 사실(「서발턴은 말할 수 있는가?」는 가장 많이 번역된 텍스트에 불과한 반면에)은 제가 이 자리에서 개진하는 교훈들을 상기하지 못한 실패에 따른 것이었다고 저는 생각해요. 인도의 맥락에서 특히 중요한 교훈들 말이지요. 이렇게 된 건 그것이 쉬운 텍스트이기 때문이라고 보고요. 요컨대 그들은 틀렸고 우리가 옳으며, (비록 제가 나는 그렇게 생각하지 않노라 말할 만큼은 조심스러웠지만) 샬럿 브론테는 인종주의자라는 식이었으니까요. 엄청나게 경쟁적인 민족주의를 통해 이루어진 우리의 구축에 우리 자신이 얼마나 크게 영향을 받을 수밖에 없는지 다시 생각해 보세요. 브론테가 19세기 영국의 문화적 자기-재현에 영향을 받았던 것 이상으로 영향을 받았지요. 이 에세이는 여전히 출간되고 있어요. 여러분이 읽어 보세요. 저로서는 여러분이 선택해 준 이와 같은 기회를 빌리지 않고서는 독자에게 이러한 경고들을 전할 수가 없어요. 확실히 이제 저는 이렇게 가르치

5　Gauri Viswanathan, *Masks of Conquest: Literary Study and British Rule in India*, New York: Columbia University Press, 1989.

지 않아요.

우리는 영문학 연구에서 '무장벽 상태'의 의미를 명확히 해 두어야 해요. 인도에서의 영어 글쓰기는 오늘날 어떤 지역 문학도 할 수 없는 방식으로 하나의 '인도'를 상정합니다. 게다가 영어권 인도의 무장벽성은 영어로 소위 창작하는 이들뿐 아니라 영문학을 연구하고 가르치며 인도 전역으로 배포되는 영문 비평을 쓰는 이들도 누리는 것이지요. 여기서 우리는 묵시적인 계급-생산에 비판적이고자 노력하고 있으며, 이 계급-생산을 긍정적으로 사용해 비교 문학이 요청하는 만큼의 깊이를 갖춘 지역어 연구 매트릭스를 세우고자 합니다. 이런 일이 일어나려면 광대한 사고 방식 변화가 필요한데 이는 쉬운 과제가 아니지요. 그럼에도 그 일에 착수해야만 합니다. 오직 문학적 읽기라는 습속만이 타자의 텍스트를 향한 우리의 무조건적인 윤리적 반사 작용을 훈련시킬 테니까요.

활동가 영역에 발을 담그기 전에 저는 "특권을 버리고 다시 배우라"unlearn your privilege라고 썼어요. 여러분은 자신의 특권—이 대목에서는 문학에서 계급-생산적인 특권—을 사용하면서 반전시켜야만 합니다. 사실 여러분이 특권을 버리고 다시 배울 수는 없어요. 그런데도 그런 시도에 계속해서 지나치게 초점을 맞추면 일종의 나르시시즘에 함몰되고 말아요. 여러분의 특권 사용이 봉건적이라 하더라도, 이는 봉건제 없는 봉건성이니, 역사는 우리에게 어떤 다른 선택도 남겨 두지 않았어요. 조심스럽게 나아가세요. 여러분에게 선택을 허하지 않는 역사를 향한 격분을 토로하세요(덧붙이자면 이것이 바로 한탄하는 자칭 '부르주아 백인 남성들'에게 제가 1970~1980년대 강의실에서 말하려던 것입니다).

이 대목에서 마하스웨타가 존경스러운 건 그녀가 자신의 특권이 얼마나 봉건적이든 간에 여하튼 그것을 사용한다는 점이에요. 그녀는 나쁜 경찰관과 나쁜 관리 들에게 신에 대한 두려움을 집어넣지요. 이것은 유럽 식민주의를 그저 탓하기만 하는 포스트식민 이론을 모방하는 것이기보다는 포스트식민적인 민족에 관여하는 것입니다. 저 이론은 하나의 역사와 장소에 속하는 것이며, 심지어는 미국에서의 특정 계기의 징후이기도 하지요. 그것은 범아프리카주의에 담긴 온전히 사용 가능한 국제주의적이고 전향적인 포스트식민주의를 받아들이는 데 무능했어요. 이 범아프리카주의에는, 다른 모든 것과 마찬가지로, 실행 가능한 젠더 요소만이 결여되어 있었지요..

여기서 마하스웨타의 메리 오라온Mary Oraon이 도움이 됩니다.[6] 메리는 혼혈이에요. 그녀의 아버지는 오스트레일리아계 백인이고, 그녀 자신은 기독교인이지요. 메리는 사냥에 재주가 없다고 조롱당하지 않아요. 사냥 축제가 벌어져요. 실은 남자든 여자든 진짜로 사냥하는 것은 아니에요. 메리가 한 일은 제례적인 사태를 '현실의' 사태로 바꿔 버린 겁니다. 마하스웨타와 브론테는 둘 다 타자를 동물로 변환시킨다는 문학적 토포스를 사용해요. 나중엔 타자와 동물을 파괴할 수 있지만요. 모종의 휴머니즘이지요. 『제인 에어』의 버사는 개와 같고, 타실다르Tahsildar는 어떤 **동-물**

---

6   Devi, "The Hunt" in *Imaginary Maps*, pp. 1~18.

A-N-I-M-A-L로 변신하지요. 타실다르가 강간범이라서 살해당한 건 아니에요. 강간은 제례의 일부지요. 메리는 남성 섹슈얼리티의 행동을 그녀 자신의 무기로 변환시킵니다. 말하자면 그녀가 '남성이 되는' 것이지요. 살해 후에 그녀는 부드니Budhni를 포옹하고 그녀와 키스해요. 그녀는 마체테라는 칼로 죽여요. 너무나 자명하게 남녀의 성교를 흉내 내는 식으로 칼을 들어 올렸다 내리찍기를 거듭해서요.[7] 그녀는 팔루스 중심주의와 협상을 벌이고 결국 그것이 그녀의 무기가 되지요. 흥미로운 발상은 이런 겁니다. 메리가 진짜 부족민이 아니라는 거예요. 식민주의가 자신에게 가한 충격을 통해 행동한 포스트식민적인 하층 계급이라는 것이지요.

「젖어미」에서는 카스트와 계급이 상호 작용합니다.[8] 이러한 사회적 텍스트성을 따라 움직이는 것은 문학을 증거로 삼아 식민주의를 탓하는 유형의 포스트식민 비평이 아니지요. 제가 여러분의 계급 특권을 사용하라고 말하는 건 바로 이와 같은 글쓰기의 정신에서입니다. 계급 특권이야말로 여러분이 영문학을 공부할 수 있게 해 주는 것이지요. 세계 도처에서 영문학 전공자였던 정치 활동가의 수를 알면 놀랄 거예요. 우리 국민은 잘못된 이유로 이런 현상에 적대적이지요. 수요가 많은 건 경영학과 컴퓨터 과학이에요. 여러분의 영어 훈련을 사용해 이런 분야들에만 접근하지는 마세요. 그 솜씨를 사용해 인도 문학들의 비교 문학을

7 Ibid., pp.16~17.

8 Devi, "Breast Giver" in *Breast Stories*, Gayatri Chakravorty Spivak trans., Calcutta: Seagull Books, 1997, pp.39~76.

지향하세요. 단 하나의 중앙 언어를 찬양하기보다는 차라리 우리에게 그토록 많은 언어가 있는 것이 행운이라 여기세요. 여러분은 영문학의 탁월함을 절대적으로 유용하게 쓸 수 있어요. 영문학을 여러분 자신의 것으로 만들고 사보타주하며 반전시킬 수 있다는 말입니다. 여러분이 교직에 나서면, 여러분의 모어에서 출발해 그것을 영어 안에 자리 매김하고 다른 지역어로 나아가되―힌디어에 저항하지는 마세요. '저 문학이 서양의 것인데 어떻게 우리가 그걸 할 수 있을까?'라고 묻는 것은 불성실한 것임을 기억하세요. 서양에는 여러 문학이 있지요. 그 많은 문학 중에서 여러분은 영문학만을 알고 있어요. 이제는 인도에도 '속하는' 힘 있는 문학만을요. 또한 우리는 서양과 서발턴이 이항 대립적이라고 생각해서는 안 됩니다. 에드워드 사이드의 암시에도 불구하고 간디와 네루는 서발턴이 아니었어요.[9] 실은 둘 다 오리엔탈리즘의 변종들을 사용해 자신을 '인도인'으로 여겼지요.

저는 이러한 유형의 해방적 오리엔탈리즘에 마하스웨

9   *Orientalism*, London: Penguin, 2003(1978)의 1995년 「후기」에서 에드워드 사이드는 이렇게 쓴다. "이 책의 제사 중 하나로 인용한 짧은 문장("저들은 스스로를 대표할 수 없으며 오직 대표되어야만 한다")에서 마르크스가 암시했던 주체 관련 진실에 대해 책을 쓰던 당시의 내가 알고 있었음을 부인하지 않겠는데, 그 진실이란 만일 자신이 말할 기회를 박탈당했다고 느끼는 자가 있다면 그는 저 기회를 얻으려 극도의 노력을 기울일 것이라는 점이다. 그러니 사실은 서발턴이 말할 수 있는 것이며, 이는 20세기 해방 운동의 역사가 웅변적으로 입증하는 바다"(335)〔『오리엔탈리즘』(개정 증보판), 박홍규 옮김, 교보문고, 2015, 574쪽〕.

타의 작품들을 견줘 봅니다. 제가 벵골 문학에 대해 잘 안다면 틀림없이 다른 작가들도 찾아낼 텐데요. 확실히 파라드 마자르의 시는 여기에 속하지요. 마하스웨타의 「프테로닥틸, 푸란 사하이, 피르타」는 아름다운 작품이에요. 그녀가 후기에서 매우 명확히 하고 있어요. 메리가 '진짜' 부족민이 아니듯 프테로닥틸도 분명히 '실재'가 아니며, 이 작품에서 벌어지는 어떤 일도 나제시아Nagesia 부족민 사이에서 그녀가 찾아냈던 인류학적 '진짜' 풍속이 전혀 아니라고요. 텍스트에서는 아무 일도 일어나지 않아요. 푸란은 단 하나의 질문에도 답하지 못하는 걸로 나오지요. 이러한 무능력 덕분에 그가 프테로닥틸이 있는 곳으로 들어갈 수 있게 되고요. 그는 눈물을 흘리느라 질문에 답하지 못해요. 그가 들어서자 저자의 목소리가 말하기 시작합니다. 이것이 마하스웨타 버전의 오리엔탈리즘이지요. 선주민들, 인도-유럽어족의 언어들, 식민주의로 이루어진 버전이요. 하지만 그것은 픽션으로 작동합니다.

1980년대 초반에 저는 나름의 오리엔탈리즘을 실행하며 「세 여성의 텍스트와 제국주의 비판」 서두에서 어떤 세계의 세계 형성worlding에 관해 논했어요. 하이데거에 준거하고 있었지요. 80년대에, 「예술 작품의 근원」(1950)을 보며, 하이데거의 아이디어가 기입되지 않은 대지 위에 종별적으로 세계 형성하기라고 너무 성급하게 생각했던 겁니다. 이는 제가 나름의 오리엔탈리즘을 따르고 있었기 때문이에요. 사실 하이데거에게서 요점은 흔한 말로 우리가 '발전'이라고 부를 바로 그것이에요. 작품은 세계 형성을 해 대지의 운명을 완수해요. 대지는 반격하고요. "세계를 세움에 있어 작품은 대지를 앞으로 내세운다. 〔…〕 작품이 대지를 하나의 대지이게끔 한다.”[10] 이것은 식민주의와 아무 관련도 없어요. 제가 제대로 읽지 못했던 거예요. 하이데거에게서 예술 작품의 알레고리가 이제는 저를 식민주의로부터 글로벌리티로, 인류세로 이동시켜요. 실은 하이데거의 원시적인 것은 기초를 부여하는 도약과 유리한 출발을 결여하고 있어요. 그러니 언제나 미래가 없고요. 이러한 자신감으로 그는 서유럽 역사에서 토대로서의 역사적 성격을 보유하는 예술을 묘사하기에 이르지요.[11] 이러한 단순한 유럽적 목적론이 여전히 세계에 횡행합니다. 대안적 에피스테몰로지들로의 숱한 쌍방적인 전도에 의해 정당화되더라도 그건 유럽적 목적론이에요. 그렇지만 이것이 이른바 식민주의는 아닙니다. 1951~1952년에 열린 세미나들의 성과물인 『사유라 불리는 것』에서 하이데거는 서유럽인이 존재들의 **존재**를 사유(“당크”thanc—“말해지지 않은 것의 영역에서 〔…〕 사유, 감사, 기억”—이거나 파르메니데스에게서처럼 에노스 엠메나이enos emmenai)로 명명하는 것은 존재들의 **존재**의 본성 자체에 의해 요청되는 것이라고 제시하지요.[12] 하이데거의 이러한 단언을 지지할 만한 것은 전혀 없어요. 그런 주장은 스스로-세계 형성〔하기〕이라는 주요 시도의 소산이지요. 그리스가 유럽의 기원이 될 수

---

10   Martin Heidegger, "The Origin of the Work of Art" in *Poetry, Language, Thought*, Albert Hofstadter trans., New York: Harper Collins, 1971, pp.15~86, 이 대목은 p.45〔「예술 작품의 근원」, 『숲길』, 신상희 옮김, 나남, 2008, 63쪽〕.

11   Ibid., p.74〔같은 책, 112~113쪽〕.

있도록 탈-오스만화하는 데 안달인 유럽 지식인들이 그런 시도에 나섰고요.

우리는 식민주의에 대해 그저 불평만 하기보다는 하나의 세계를 만들어 내야만 합니다. 세계 형성이라는 우리의 새로운 과제는 통찰들을 도구로 써야 해요. 이 통찰들이 적절한 세계로 간주했던 저 '마치 그런 것 같은'as if의 세계로부터 이 통찰들을 자유롭게 풀어 주면서요. 이러한 정신에서, 하나의 코즈모폴리턴적인 세계 형성은 모든 세계 형성에 대해 생각할 수 있겠지요. 그것이 우리에게 은폐된 빛으로 들어가기, 요컨대 하이데거가 말한 탈은폐라고요. 우리는 헤라클레이토스를 읽는 하이데거를 전화시켜야 해요. 거기서 그는 이러한 방식으로, 요컨대 희랍인들을 읽는 한 명의 유럽인으로서가 아니라 보편화할 수 있는 것을 우연히 생각해 낸 한 명의 철학자로서 말하는 것이고요.

질문들

1 실천으로서의 이론화

저는 우리가 스스로 준비해 이론을 읽을 수 있어야 한다고 믿어요.『그라마톨로지에 대하여』해제를 썼을 때, 저는 학부에서도 대학원에서도 철학 수업을 들어 본 적이 없었어요. 저는 계몽된 주립 학교인 아주 관대한 대학에서 교편을

12 Heidegger, *What is Called Thinking*, Fred D. Wieck and J. Glenn Gray trans., New York: Harper and Row, 1968, p.153〔『사유란 무엇인가』, 권순홍 옮김, 길, 2005, 207~208쪽〕. 또한 Spivak, "Reading *De la grammatologie*", preface to *Reading Derrida's "Of Grammatology"*, Sean Gaston and Ian Maclachlan eds., London: Bloomsbury Academic, 2011을 보라.

잡고 있었고, 학교에서는 제게 1년의 안식년을 주었지요. 저는 번역을 막 끝낸 이 책의 해제를 쓰려고 학교에 처박혔어요. 또한 동일한 유형의 이유로 이 나이 먹고도 일본어와 중국어를 배우지요. 이른바 아시아의 세기라고 하는 우리 시대에 문화 정치에 관해 작업하는 이라면 의당 이러한 언어 메모리들을 입력할 줄 알아야 한다고 봐요. 이론가의 작업에서 언어적 실천은 대충 다루고 논증의 핵심만 간추려서는 안 됩니다. 이론을 읽는 건 그것을 하나의 1차 텍스트로 읽는 거예요. 도구화해 적용하려는 어떤 것으로 이론을 읽는 게 아니에요. 그것 자체를 위해 읽는 것이지요. 그것은 우리의 정신적 비품의 일부가 됩니다.

이런 주장은 마르크스에게도 적용되지요. 읽기의 여유를 누리는 제 강의에서『자본』을 읽을 때는 마치 그것이 우리 책상에 막 놓인 새것인 양 읽어요. 우리가 그것을 쓰고 있는 양 읽는다고 할 수도 있겠군요. 이론을 제대로 읽는 건 아주 어려운 일입니다. 이런 식으로 읽는 건 내면화하는 것이지요. 이론화는 하나의 실천이에요. 우리 자신이 생각하는 방식이 변하지요. 그리하여 우리가 읽기를 행할 때 이론적 읽기의 모든 것이 우리의 읽기를 조직하기 시작하고요. 이는 우리가 그것을 적용하기 때문은 아니에요.

이론 연구는 육상 경기와 같아요. 1급 육상 선수는 자신의 동작에 대해 생각하지 않지요. 그들은 배운 것을 '적용하지' 않아요. 그들이 배운 것이 반사적으로 돌아와요. 비디오의 '즉시 재생'으로 돌려 보면 근육의 기억이 실행되는 걸 확인할 수 있지요. 저러한 것이야말로 다른 사람의 이론을 '사용하는' 방식이에요. 존중하면서, 그 이론을 읽을 능력을 스스로 준비하고, 끝까지 따라가는 방식인 겁니다. 여러분 자신이 저런 식으로 준비하고 싶다면 다른 사람 이론의 프로토콜로 들어가세요. 그 이론의 사적인 문법으로 들어가고요. 그러면 그 이론이 여러분을 전화시킵니다.

2 하이데거

하이데거의 질문은 데리다의 『정신에 대하여』(1989)에서 능숙하게 다루어졌어요. 읽기 어려운 책이에요. 제가 방금 묘사했던 내밀한 이론 읽기 방식으로 여러분이 데리다를 읽은 적이 있어야 할 겁니다. 데리다는 하이데거에게서 가이스트Geist라는 단어의 궤적을 검토하지요. 이어 일찍이 하이데거가 개진한, 추자게Zusage를 동반하는 개방성 즉 질문의 개방성을 이 단어가 어떻게 폐쇄하는지를 검토하고요. 데리다는 하이데거가 어떻게 기독교 휴머니스트가 되는지를 보여 주고, 책의 마지막 대목에 이르러, 유럽 숲의 실한 토양에서 자라는 버섯처럼 움트고 있는 인종 차별의 그림을 우리에게 제공합니다. 그 책의 제목은 『정신에 대하여: 하이데거와 질문』이지요. 하이데거는 질문의 개방성을 포기했어요. 그러고는 하나의 대답을 제공했지요.

3 심미적 교육

제가 심미적 교육aesthetic education을 말한다는 건 실러를 긍정적으로 사보타주하겠다는 겁니다. 실러가 뷔르템베르크 공작에게 보낸 서한집의 제목이 『인간의 심미적 교육에 대한 서한들』(1794)이었지요. 제가 내리는 정의가 18세기 독일에서 유래하는 것은 아니에요. 저는 실러를 적용하고 있지 않아요. 저는 정의라는 것들이 중간 어귀에 있다고 봅니다. 저는 실러에게 하나의 오류를 범하고 있으니, 따라서 제 입장이 전적으로 비판적인 것 또한 아니지요. 제 입장은 긍정적인 것이기도 합니다. 저는 신흥 자본주의 시대에 실러가 범했던 오류에서도 배우고 있어요. 제 스승인 드 만은 이렇게 말했지요. 실러는 칸트의 비판을 오해했다고요. 이 비판이 너무 강력해 철학함 자체를 위태롭게 했다고요. 실러는 이 비판 전체를 일종의 교차 대구법―일종의 균형으로 변전시켰어요. 제가 저 자신을 정형화하는 바에 따르면 저는 드 만을 적용하고 있는 것이 아니에요. 교차 대구법을 이중 구속으로 대체하겠다는 말입니다. 동시에 오는 모순적인 지시들이라는 뜻에서의 그 이중 구속으로요. 그레고리 베이트슨은 아동 조현병 연구를 통해 이중 구속을 사유했지요. 베이트슨은 그 작업을 계속 이어 갔고, 마침내 그가 느낀 것은 이중 구속을 삶 그 자체의 본성이라고 실제로 간주할 수 있었던 가장 지적인 사람들 역시 이중 구속에 걸려 있다고 묘사할 수 있다는 것이었어요.[13] 살아감이라는 바로 그 행위가 하나의 이중 구속이에요. 살아감이란 동시에 죽어 감이니까요.

그러면서도 다른 한편으로는 결정을 내려야만 하지요. 결정하지 않음이란 아예 존재하질 않아요. 결정을 내릴 때

13　Gregory Bateson, "Toward a Theory of Schizophrenia" in *Steps to an Ecology of Mind*, New York: Ballentine Books, 1972, pp.201~227; "Double Bind, 1969" in Ibid., pp.271~278〔「정신분열증의 이론을 위하여」,「이중 구속(1969)」,『마음의 생태학』, 박대식 옮김, 책세상, 2006〕.

는 이중 구속이 마치 두 개의 단일 구속인 듯 여기는 오류를 범하면서 이 두 개의 단일 구속 사이에서 선택해야만 해요. 이러한 선택에서 이성은 가장 기초적인 착오입니다. 이성을 거쳐 가는 것은 결단을 내릴 수 있도록 이중 구속을 오해하는 최상의 길이거든요. 이런 의미에서 저는 심미적 교육이 이런 유형의 에피스테몰로지 수행을 위한 상상력 훈련이라고 말하는 겁니다. 모든 인간은 단순한 입증 삼단 논법evidentiary syllogism을 제시할 능력이 있어요. 어떤 허용 가능한 서사가 설계되는지와 관련해 삼단 논법은 하나의 입체 지도예요. 천둥이 신이라고 합시다. 그런데 천둥이 쳤어요. 그러므로 신이 말한 거라는 식이지요. 여성이 아이를 낳는다는 사실은 모든 종류의 혐오스러운 입증 삼단 논법으로 귀착되어 왔어요. 이러한 입증 삼단 논법들을 해지하는 가운데 이른바 이성이 기초적인 착오일 수 있는 것이고요.

에피스테몰로지 수행이란 자기 자신을 또는 어떤 것을 하나의 지식 대상으로 구축하는 방식입니다. 저는 일관되게 여러분에게 권했어요. 문학을 하나의 지식 대상으로, 하나의 창의적인 활동 도구로 다시 생각해 보라고요. 예컨대 『자본』1권(1867)에서 마르크스는 노동자에게 권하지요. 자신을 자본주의의 희생자가 아니라 '생산의 행위자'로 다시 생각해 보라고요. 그러한 것이 에피스테몰로지 수행에 있어 상상력 훈련이에요. 이것이야말로 그람시가 마르크스의 프로젝트를 '에피스테몰로지적'이라고 불렀던 이유고요. 물론 에피스테몰로지적이기만 한 것은 아니지만요. 에피스테몰로지 수행이란 이것 없이는 아무 일도 일어나지 않을 그 어떤 것이에요. 그렇다고 해서 거기서 멈춰야 한다는 뜻은 아닙니다. 하지만 이러한 종류의 변동을 향한 훈련 없이는 아무것도 살아남지 못해요.

2 「잘못을 바로잡기」[14]

1 강제와 폭력

교육에는 언제나 강제가 있지요. 제가 "욕망들의 비강제적 재배치"*uncoercive* rearrangement of desires를 말할 때[15] '비강제적'이란 강제에 대한 모종의 자발적인 유예를 가리키지 않아요. 그것은 전미래를 나타냅니다. 말하자면 여러분이 무엇을 하든, 설혹 여러분의 계획이 완벽하게 성공한 것처럼 보이더라도, 종국엔 (다른) 어떤 일이 일어나리라는 것이지요. 『루이 보나파르트의 브뤼메르 18일』에서 마르크스의 가르침, 즉 프랑스 혁명이 집행 권력의 증대로 귀결되었다는 가르침을 생각해 보세요. 우리는 볼셰비키 혁명과 마오주의 혁명이 제국의 위계를 해소시킴으로써 글로벌 자본주의가 윤리적인 것의 발전이 부재한 가운데 등장하는 것을 가능케 했노라고 말할 수 있을 겁니다.

사람들이 무엇을 계획하든, 어떤 일이 일어날 겁니다. 바로 그 원했던 일이 일어난 것처럼 보일지라도 (이와는 다

---

14 이 부분은 내 에세이 "Righting Wrongs", *South Atlantic Quarterly* 103(2~3), Spring-Summer 2004, pp. 523~581에 제기된 질문들에 대한 답변을 담고 있다〔이 글은 「잘못을 바로잡기」라는 제목으로 『다른 여러 아시아』, 태혜숙 옮김, 울력, 2011에 수록되었다〕.
15 Ibid., p.526〔같은 책, 34쪽〕.

른) 어떤 일이 일어날 거예요. 계획의 가치란 이런 것임을 안다면 그럴 때 일종의 비-강제가 들어오는 겁니다. 사람들이 훌륭하고 비-강제적이기 때문이 아니에요. 심리적 토대 위에서 밀치락달치락하는 것 없이는 교육이 있을 수 없기 때문이지요.

그러니 비-강제의 요소가 들어오는 것은 미래가 결정할 수 없는 것이기 때문이라고 말합시다. 역사가들은 제가 지금 묘사하려는 것에 익숙하리라 믿어요. 하지만 저는 모더니스트라서 그것이 인상적이었어요. 탄자부르에 있는 라자 라자 촐라Raja Raja Chola의 브리하디시와라 사원Brihadishwara Temple 바닥에는 혼인과 토지 불하 등등에 관한 세속적인 글귀들이 고대 타밀어로 새겨져 있습니다. (11세기 초에) 위대한 왕이 여기 있었어요. 신의 거처에 인간사를 기록하기 위해 돌에 글귀를 새긴 근사한 사원도 여기 있었고요. 그런데 아무도 그걸 읽을 수가 없어요. 그걸 아는 이가 아무도 없어요. 아무도 역사에 대해 생각하지 않아요. 거기서 저는 전미래의 의미를 깨달았어요. 다른 한편으로는 사원에 들어와 성스러움의 실존적 시간성을 재생하는 이도 있어 그렇게 학습 공간이 되기도 하고요.

그 누가 라자 라자 촐라에게 비강제적이길 요구할 수 있겠어요? 그는 전제주의자이지만 관대한 왕이었어요. 역사학은 그 점에 주목했지요. 미래가 자신의 계획에 따라 작동하도록 그가 강제할 수는 없었을 거라고요. 여러분이 이것을 생각할 때 비-강제의 요소가 단지 모종의 개인주의적인 성격 특징인 것은 아니에요. 비-강제의 요소는 교사의 임무에서 하나의 이론적인 계기지요.

욕망들의 비강제적 재배치는 인문학의 변화된 페다고지예요. 이 페다고지는 위기에 처한 서발터니티의 불가피한 무기로서의 폭력을 아마도 다뤄 볼 수 있을 겁니다. 저는 어떤 식으로도 폭력을 정당화할 수 없어요. 다만 제가 시도해 볼 수 있는 건 폭력을 '읽고' 폭력의 프로토콜에 들어가 보는 겁니다. 가장 참혹한 폭력인 자살 폭탄 공격을 '읽으려' 시도한 적이 있어요.[16] 「서발턴은 말할 수 있는가?」(1988)에서는 자아에 맞서는 폭력을 이해하려 시도했고요. 우리는 이스라엘-팔레스타인 상황에서의 폭력을 이해합니다. 그 상황은 우리에게 윤리적인 것을 허용하지 않지요. 이것은 폭력의 정당화가 아니에요. 교육에서의 강제나 젠더화된 폭력에서의 욕망은 전혀 상이한 것들이지요. 아무도 반응하지 않아 들릴 가능성이 아예 없을 때, 그리하여 폭력이 하나의 방도로 간주될 때, 이 폭력을 자신에게 가해진 폭력에 대한 정당한 보상 수단이라고 생각하지 마세요. 이 폭력에 대해 생각할 수 있는 최선은 다음과 같아요. '내게 윤리적인 것이 허용되질 않았어. 내 그룹에 윤리적인 것이 허용되질 않았어. 그러니 나는 국가가 정당화하는 폭력에 반대하고 앞으로도 계속 그럴 거야.'

제가 말하는 건 파농이 폭력을 변화를 위한 수단으로 변호하지 않는다는 거예요. 그가 요청하는 건 폭력에 대한 이해, 그리고 인간의 삶은 다 동일한 무게를 지닌다는 점에 대한 이해예요. 오늘 우리는 하나의 포스트식민적인 새로

16 Spivak, "Terror: A Speech after 9/11", in *An Aesthetic Education in the Era of Globalization*, pp. 372~398(「테러: 9·11 이후의 연설」, 『지구화 시대의 미학 교육』).

운 국민 내부의 불의에 대해 논하고 있지요. 우리가 파농을 읽고 나서 그가 우리의 현재에 대해 논하고 있다고 결정할 수는 없어요. 심지어 마르크스조차 우리의 현재에 대해 쓰고 있는 건 아니에요.

바로 이 대목에서 중요한 건 시민권이 존재할 수 있도록 교육의 성격을 변화시키는 겁니다. 파농은 헤겔에게 들어서기 전에 초기 20년간의 학교 교육을 논해요. 극한 상태에서 사용되는 유형의 폭력은 교육됨의 대체물이 아니에요. 교육됨에서는 상호-반응의 구조 안에 있는 교사와 학생이 전부지요.

2 전위

전위vanguard에는 잘못된 게 전혀 없어요. 전위주의적 태도에는 잘못된 구석이 있지요. 사실 전위는 민주적인 대표〔재현〕representation의 일부일 수 있어요. 오늘날 디지털 글로벌화 시대에 참여 민주주의란 행동주의적인 중간 계급의 몽상이에요. 국제 시민 사회가 글로벌해진 마당엔 특히 그렇지요. 이런 상황에서 대의 민주주의 즉 의회 민주주의는 주기적으로 교체되는 좋은 전위를 사용할 수 있어요. 우리가 실제로 '전위'라는 단어를 잊었다고 가정해 보세요. 사실 어떤 큰 집단이든 모든 일을 실제로 처리하는 작은 집단이 있기 마련이지요. 때로는 심지어 한두 사람이 모든 일을 실제로 처리하기도 하고요. 바로 그게 전위예요. 그걸 전위라고 부른다면 그것에 도덕적 무게를 부여하기 시작하는 것이지요. 이런 무게로 인해 전위주의로 이동해 갈 수도 있고요. 이것이 모든 포퓰리즘 운동의 진실이에요. 유엔에서 낭독되는 광범위한 선언들도 그렇습니다. 이 선언들은 슬프게도 전위가 작성하지요. 일부 사람이 모든 일을 처리한다는 걸 인정하는 것은 실제적이에요. 반면 생산되는 것이 모든 사람에 의해 생산된다는 진술은 그야말로 거짓이지요. 전위에 위원회 유형의 명칭이 부여될 수 있어요. 예컨대 '운영 위원회'the steering committee가 그런 것이지요. 전위를 교대시킬 수도 있고요. 모쪼록 그랬으면 합니다. 그 밖에 정부가 스와니르바르 달swanirbhar dal이라는 이름을 부여한 경우도 있지요. '자립 집단들이여 만세!'라고나 할까요. 정작 이 집단에 속한다고 여겨지는 사람들은 그 이름이 뜻하는 바를 알지 못해요. 교육을 덜 받았거나 아예 못 받았거나 비문해자인 서발턴들은 너나없이 트리나물 (민초) 회의당Trinamool (grassroots) Congress을 TMC라고 불러요. 정작 민초들은 트리나물이 민초를 뜻함을 알지 못하지요. '민초들은-스스로-한다-주의'인 자칭 민초주의grass-roots-ism를 조심해야 합니다. 전위주의를 집요하게 대리 보충하다 보면 좋은 점이 있어요. 전위의 헌신적인 성원들이 자신을 전위주의로부터 지켜 내지요. 그리고 깨달아요. 매우 현실적인 의미에서 종복servant이 진짜 전위임을.

3 저항을 생산하기

아니켓 자와레가 방금 지적했지요. 셰익스피어가 작품을 썼을 때 그는 영문학을 공부하는 우리 인도 학생들이 있으리라는 걸 몰랐다고요. 그러니 우리가 우리의 경험을 만사의 맥락이라 생각해서는 아니 된다고요. 물론 이것이 계속제 주제였어요. 이것이 우리가 교육받으면서 먼저 재배치할 필요가 있는 욕망입니다. 역설적이게도 이것은 우리의 자아 의식을 강화하는 실천이지요. 그렇게 하지 않으면 우리는 우리 자신의 정당화된 자기-이해 관계에 너무 매몰되어 점점 더 많은 정당화를 생산하면서 다른 사람들을 비난하는 나머지 폭력이 문제들을 푸는 유일한 길이라고 생각하게 됩니다.

4 청하지 않은 논평

「잘못을 바로잡기」는 바닥에 앉아 강풍용 각등 불빛 아래서 쓴 글이라 그 안의 정보가 부정확해요. 고향인 서벵골주의 비르붐 지구에서 저는 아직 제대로 시작도 못 했던 터였지요. 오직 푸룰리아 지구에서만 일을 벌였어요. 일을 하면서는 거기 상황이 대표적이라고 생각했고요. 그런 맥락에서 제가 할 수 있는 건 비가시적인 수선invisible mending이라고 느꼈지요. 그것이 오류였습니다. 푸룰리아는 부족 낭만화의 특수 사례였어요. 저는 지난 15년간 비르붐과 자르칸드주의 접경 지대에서 일했어요. 현대 인도에서 지정 카스트/지정 부족을 대표하는 곳이지요. 거기엔 아이 다루듯 하는 자애로운 봉건적 보호주의가 없어요. 그들이 피해자긴 하지만 현대적이고 팔팔하거든요.

　푸룰리아에서는 의식화된 전-자민다르(지주)가 지도자인데요. 자애로운 폭군이 다 그렇듯 그는 진짜 중요한 건 자기 농노들이 '부족적인 정체성'에서 벗어나도록 해 주고 그들이 시민이 되도록 돕는 일임을 생각하지 못했어요(이곳이 바로 그람시가 들어설 만한 지점이지요). 그는 공산당과 싸웠고 자기 부족의 '신민들'subjects 편에서 경찰과 싸웠지만, 정작 자신의 책무가 무엇인지는 생각하지 못했지요. 그는 생각하지 못했던 겁니다. 서발턴 교육이 나아가야만 하는 곳은 헤게모니의 회로, 약이자 독인 그 회로임을 말이지요. 세계 기념물 기금이 보존하는 '유적'처럼 그렇게 서발턴을 보존할 일이 아닌 게지요.

「잘못을 바로잡기」에서 저는 교사의 임무가 찢어진 문화의 직물을 아주 잘 배워 비가시적인 수선을 할 수 있어야 하는 것이라고 썼어요. 보존이라는 이러한 상태 때문에 그렇게 썼던 겁니다.[17] 그건 나쁜 증거에 입각한 것이었어요. 여러분이 에너지를 모아 다른 질문을 묻기 전에 이걸 여러분과 공유하고 싶었지요.

5 의지 앞에서〔의지에 앞서〕

질문에 인용된 구절은 이래요.

이것들은 옥스퍼드 앰네스티 총서와 소쉬르에게서 확인되는 유비일 뿐이다. 그 유비들은 다음과 같은 식으로 작동한다. 모든 인간 존재가 유전학적으로 의지 앞에서〔의지에 앞서〕before will 기록된다는 점을 우리가 포착할 수 있다면; 모든 아이가 '바깥에' 있는 언어를 모어로 습득한다는 점을 우리가 포착할 수 있다면; 그럴 때 이러한 구조적 모델들 위에서 우리는 인간 존재란 '바깥의 부름'에 답하는 가운데 인간이라는 가정을 포착할 수 있을 것이다. 이

---

17   Spivak, "Righting Wrongs", *South Atlantic Quarterly* 103(2~3), p.548〔「잘못을 바로잡기」,『다른 여러 아시아』, 67쪽〕.

러한 유비들을 경유해 우리는 종속 문화들 안에서 작동하는 타자성의 역할 구조를 포착할 수 있다. '의지 앞에서〔의지에 앞서〕'의 앞에서〔앞서〕라는 단어는 여기서 '마주하며'일 뿐 아니라 논리적이고 연대기적인 우선성을 뜻하는 데 사용된다. 차이는 역사적인 것이지 본질적인 것은 아니다. 권리/책임은 '도래하다'라는 영속적 양식 안에서 모두에게 공유될 수 있다고 믿기 때문에 나는 계속해 두 측면 모두에서의 대리 보충적 페다고지를 강조하는 것이다.[18]

데리다의 설명에서 배우지 못했더라면 저 역시도 그것을 설명해 내지 못했을 거예요. 그러니 제가 배웠던 것을 볼 수 있도록 데리다 텍스트를 우리와 마주하도록 해야겠지요.[19] '의지 앞에서〔의지에 앞서〕'는 또한 '법 앞에서'라는 카프카의 문구, 프랑스어로는 드방 라 루아devant la loi로 번역되는 문구에 준거합니다. 요제프 K가 『소송』(1925)에서 겪는 믿기 어려운 곤경, 즉 성문 안으로 들어서지 못하는 것을 묘사하는 그 문구지요. 그는 거기서 매일 문을 마주하며, 성문 앞에 있고, 법 앞에 있어요. 이것은 그 문구를 알아보는 이들에게는 상호 텍스트성의 계기지요. 여러분 중에서 욕망의 비강제적 재배치에 스스로 전념하는 것을 허용치 않는 끔찍한 위기를 묘사했던 이라면(우리 텍스트에 포

18   Ibid., p.545〔같은 책, 63~64쪽〕.
19   Jacques Derrida, "Force of Law: The 'Mystical Foundation of Authority'", Mary Quaintance trans. in David Gray Carlson, Drucilla Cornell and Michel Rosenfeld eds., *Deconstruction and the Possibility of Justice*, New York: Routledge, 1992, pp.3~67 〔『법의 힘』, 진태원 옮김, 민음사, 2004〕.

함되지 않은 비공식 논의 참조) 누구든 카프카에게서 찾아 낼 겁니다. 부르주아 사회가 어떻게 무너질 수 있는지에 관한 비상한 묘사를 말이지요. 그러니 그것을 여러분만의 끔찍한 곤경으로 묘사하지는 마세요. 차라리 전 세계를 돌아보면서 다른 텍스트들이 그것을 어떻게 해냈는지를 살펴보세요. 카프카의 텍스트에 한정하지 말고요. 그 텍스트에는 이미 광범위한 독자층과의 접속이 확립되어 있지요.

저는 카프카의 소설을 증거로 혹은 모방할 모델로 읽기보다는 그 소설에 '강박당하는'be haunted 걸 배우고 있어요. 제게 의뢰하는 모든 서발턴에게 저 자신이 한 명의 타자라는 사실에서 비롯하는 곤란을 이해하려 노력하고 있듯이요. 저는 수도 출신의 상류층 여성이고, 계급으로도 카스트로도 외지 출신의 적이니까요. 제가 학생으로, 문학 비평가로, 그리고 교사로 배운 '읽기' 전문성을 사용하려 노력 중이에요. 여러분에게 말했듯 처음에는 제가 잘못했거든요. 그건 자애로운 독재자들이 인류학화한 것을 '현실'로 간주했기 때문이에요. 제 기본 전제는 잘못되지 않았지만, 제가 함께 일했던 사람들은 보존된 부족민이었어요. 바드 랄로크의 선의 덕분에 인류학적으로 보존된 사람들이지요. 저 자신의 산술적인 가짜 평등—1인 1표로 환원된 민주주의—이 비르붐에서와는 달리 통하질 않았어요. 민주주의의 이러한 기층이 표를 사고 훔치는 데 이용되지요. 표는 계산되니까요. 산술적으로 말이에요. 제게는 한 표의 가치가 있어요. 그들이 속이지만 않는다면 그들 역시 마찬가지고요. 적어도 교사는 속이지 않겠다는 욕망을 생산하느라 무지하게 노력하고 있어요. 의지 앞에서[의지에 앞서]

있는 지점에, 아이와 노동자가 공유하는 우리의 모어를 배울 때 사용되는 바로 그 지점에 다다르려 시도함으로써 말입니다. 문학적 읽기도 바로 그 지점에 다다르려 시도하지요. 또한 교사는 진지한 자본가들을 위한 속임수의 기본 규칙을 적절한 이들이 인식하게 하고자 노력하고 있지요. 질 때는 게임의 규칙을 바꿔 버리라는 기본 규칙을요. 요컨대 '법 앞에서' 바꾸라는 게지요.

저러한 것이 '의지 앞에서〔의지에 앞서〕'와 '법 앞에서'의 공모성이에요. 이 공모성은 제 의지보다 훨씬 크지요. 의지의 원천은 어떤 광대한 것이에요. 헤겔에게서 그것은 욕망의 지점과 연관되지요. 예컨대 앎을 거치는 힘에의 의지이지요. 또한 젠더와 계급을, 축소될 수 없는 마주함의 편린이라면 그 어떤 것이든any bit of *l'irréductible vis-à-vis*(푸코: 힘의 기입에 이용될 수 있는 하위–개체 안에서의 축소될 수 없는 마주함irreducible face-to-face in the sub-individual. 영어판이 오역한 대목)[20] 그것을 거치는 힘에의 의지이고요. 이용 가능한 용인되는 서사들이 있지만 그중에서도 내가 살아가도록 돕는 스토리로 내 삶을 전화시키는 데 저 의지가 이용될 수 있어요. 의지는 교육받지 못한 부모가 자기 아이들

20 Foucault, "Le Dispositif de Sexualité" in *Histoire de la Sexualité 1: La Volonté de Savoir*, Paris: Éditions Gallimard, 1976, pp.107~173, 이 대목은 p.127; "The Deployment of Sexuality" in *The History of Sexuality, Vol. 1, The Will to Knowledge*, Robert Hurley trans., London: Penguin, 1978, pp.77~131, 이 대목은 p.96. 영어판에는 irreducible opposite라고 번역되어 있음〔「성생활의 장치」, 『성의 역사 1: 지식의 의지』(3판), 이규현 옮김, 나남, 2010, 112쪽〕.

을 모종의 성공을 향해 몰아댈 수 있도록 해 주는 어떤 것이지요. 그것도 사랑으로요. 세계를 파괴하게 될 그런 성공을 향해 말입니다. 카프카 소설에서는 이 '의지 앞에서[의지에 앞서]'가 문이 열리기를 인내하며 기다리는 것과 관련되지요. 그 문은 사실상 결코 열리지 않을 겁니다. 기다리는 사람은 개처럼 칼로 살해될 것이고요. 저것이 스토리의 결말이고, 쿳시가 『추락』(1999)에서 이를 재개합니다. 카프카 자신이 아니라 그의 소설의 결말이 말해 주지요. 수치가 자신의 죽음 이후에도 계속 남아 있으리라는 것을요. 카프카가 그걸 말하지는 않아요. 오히려 요제프 K가 그걸 말하게 하지요. 수치는 부르주아 시민 사회 원리들의 절대적 실패예요(속이려는 욕망 또는 맹목적으로 규칙을 따르려는 욕망의 비강제적 재배치를 교사는 꿈꾸지만 이런 재배치가 저 시민 사회에는 없지요). 여기서 상호 텍스트성을 통해 관여되는 것은 저 논변 전부입니다. 카프카, 푸코, 데리다 모두 관여되는 거예요. 아울러 교사는 욕망으로서의 법에 관여하려 노력 중이지요. 아이와 동료 교사 들과 자신 안에서, 언어 습득이 이루어지는 지점인 의지 앞에서[의지에 앞서] 있는 지점에 관여함으로써 말입니다.

이것들이 옥스퍼드 앰네스티 강연 총서와 소쉬르에게 있는 유비일 뿐이라고 제가 말하는 이유는 뭘까요? 거기에 각주 하나를 달았어야 해요. 이 강연은 애초에 옥스퍼드에서 열린 국제 앰네스티 자선 행사에서 했던 것이거든요. 제가 왜 그 강연에 초대받았을까요? 물론 저는 국제 앰네스티를 지지해요. 계급 아파르트헤이트로 인한 실제 교육의 부재를 우회 극복해야만 하는 하향식 개입에서 그들은 크

나큰 도움이 되지요. 예를 들어 기소도 재판도 받지 않았고 인신 보호 영장을 신청하지도 못한 채로 투옥되었던 파라 드 마자르의 석방을 위한 개입에서 저도 그들 덕을 보았어요. 그리고 아웅 산 수 치에게 투표하려는 정치체—다시 한번 인원 집계로서의 민주주의—안에 있는 인종적 힘을 향한 욕망에 약간이나마 공적인 자각을 불러일으키고자 개입했을 때도 그들 덕을 보았고요.

국제 앰네스티의 유용함을 높이 평가하긴 합니다만 그러면서도 저는 여전히 장기적인 변화에 헌신하고 있어요. 그런 기관들이 최후에 의지할 곳으로 부분적으로만 필요하도록 만드는 것이지요. 그래서 당시에 저는 그런 기관들을 불러들이지 않았어요(제가 2012년에 교토 사유와 윤리상을 받은 뒤에 상황이 조금 변했습니다).

하지만 당시는 2001년이었어요. 제가 런던에 갔던 이유는 계속 강연을 해야만 쾌적한 여행 경비를 마련해 1년에 세 번에서 다섯 번은 농촌 학교에 머물 수 있었기 때문이에요. 그렇게 하지 않으면 수백 수천 년 된 카스트 관습이 발휘되지요. 지친 바드라마힐라bhadramahila〔바드랄로크의 여성형으로 벵골 중간 계급 여성을 가리키는 표현〕를 시중드는 관습이지요. 결국 저는 거기서 그들을 위한 일을 전혀 할 수 없게 될 테고요. 결과적으로는, 불행히도, 제가 그 학교들에서 돌아오자마자 학술 대회가 하나 열렸고, 저는 임무 수행 보고를 할 겨를도 없이 제 다른 세계로 들어가야만 했지요. 그런 게 충격이긴 해요. 그해 런던에서 있었던 학술 대회 주제는 '여행과 민족'이었어요. 멋지고 널찍한 비즈니스 좌석 왕복 여행을 마련해 주어 경비에 보탬이 되었고요. 저는 티켓을 결코 구매하지 않아요. 강연 초청을 활용해서만 비르붐에 가지요. 동료들에게는 "배편이 생기면"Noukar shubidha pailay 간다고 말해요. 그들 모두가 왜 제가 불규칙하게 방문하는지를 알지요.

이 학술 대회에 와 보니 인도계-영국인들이 스스로를 수난자로 미화하더군요. 서발턴들이 참담함을 정상적인 것으로 받아들이고 있다는 점에 견주면 끔찍한 일이지요. 게다가 인도계-영국인들은 자애로운 영국 백인들에게 둘러싸여 있었고, 이 백인들은 그들과 더불어 허세를 떨면서 카타르시스를 얻고 있었어요(그중 다수는 국제 시민 사회 단체에 관여하고 있거나 하고 싶어 하는데, 안타깝게도 '민족적'ethnic인 척 가장해 통계를 호도하는 현지 봉건 세력이 이들 단체를 지원하지요!).

저 패거리 사이에 앉아 생각했어요. 푸룰리아에서는 불평을 들은 적이 없다는 것을요. "나 늙어 죽을 때는 나뭇가지에 앉아 콧수염을 배배 꼬고 있어야지"라는 날카로운 젠더-정치 노래는 예외지요. 달리 말해 죽을 때는 남자이고 싶다는 거예요. 물론 그들이 이 노래를 지었어요. 구술 문화 정식화oral formulaic에 따르면 그들이 작자니까요. 런던에서 저는 제 주변에서 벌어진 일이 너무 짜증스러웠어요. 그래서 부족들에게서 국민-사유를 어떻게 배웠는지를 논하기 시작했지요. 그것은 여하튼 얼마간 자애로운 일이었어요. 물론 저는 여성들에게서 배웠어요. 여전히 구술 문화를 정식화할 수 있는 건 농촌 중간 계급의 영향을 상대적으로 덜 받은 여성들이었으니까요. 아마 그녀들이 그 이상을 할 수는 없었겠지만요. 남성들은 구술 문화를 잃어버렸어요. 접촉이 더 많았거든요. 구술 문화 정식화는 그저 강제된 비문해가 아니에요. 위대한 계보 기억들에 접근하는 '기록'writing이지요(다시금, 남비크와라 부족에 관해 레비-스트로스를 정정하는 데리다).[21] 제가 그녀들과 계속 교유할 수는 없더라도 그녀들과 함께 노래할 거예요.

그래서 이런 노래들을 불렀어요. 구술 문화 정식화의 등가성 원칙이 실제로 이른바 국민-국가를 등가성의 위치에 놓는다는 걸 제시하려고요. 「민족주의와 상상력」(2012)에서 이에 관해 썼지요. 자애로운 영국인과 앰네스티 사람들은 틀림없이 이렇게 말했을 겁니다. '와우, 이 여성은 런던에 사는 인종주의 희생자에 불과한 게 아니군. 이봐. 그녀는 더 자애로워질 만한 가치가 있는 무엇인가를 아는 거 같아'라고요. 2주 뒤에 국제 앰네스티 강연 초청을 받았어요. 「잘못을 바로잡기」 대부분은 사실 조나라 마을에서 가구가 없어 다리를 펴고 앉은 채로 썼어요. 상당한 도움이 되었던 홍콩 과학 기술 대학에서 제 연구 조교를 맡은 멋진 남성 예웨이렌이 챙겨 준 덕분에 여행용 옷가방 두 개에 책을 가득 담아 와 그나마 졸고를 써낼 수 있었던 겁니다. 그에세이는 각주로 가득해요. 그래서 아이러니가 생겨요. 장점이라곤 전혀 없는 장소에서 사람들이 이해할 수도 없을 것을 잔뜩 써 대고 있었지만 그래도 저는 그들에게 절대적

21   Derrida, "The Violence of the Letter: From Lévi-Strauss to Rousseau" in *Of Grammatology*, Gayatri Chakravorty Spivak trans., Baltimore, MD: Johns Hopkins University Press, 1976, pp.101~140(「문자의 폭력: 레비스트로스에서 루소로」, 『그라마톨로지』(개정판), 김성도 옮김, 민음사, 2010).

으로 이해 가능해야만 했습니다. 그게 제 임무였으니까요.

탈고한 뒤에 현지에서 저를 돕던 아시시를 우체국이 있는 푸룰리아 읍내로 보내 책들을 항공 우편으로 홍콩에 부쳤어요. 그가 싱글거리며 돌아와서는 하는 말이 "선생님, 푸룰리아 읍내 중앙 우체국에서 항공 우편이 발송된 게 생전 처음이라네요. 그래서 직원 모두가, 특히 우체국장이 제게 말하더군요. 우리가 우리 나라의 명예를 지켜 내야만 한다desher shamman rakhha korte hobe고요." 우편 요금이 600루피였어요. 이 우체국에는 액면가 10루피 이상의 우표가 없었고요. 소포 상자가 온통 우표로 덮였지요. 제가 진짜 주인공이라는 것을 세상에 입증하고 싶었다면, 이런 스토리를 경건하고 저널리즘적이며 탐사적인 방식으로 에세이에 담아, 이러한 통찰들을 얻기 위해 어떻게 벽촌으로 들어갔는지 등등을 설명했을 거예요. 물론 제가 벽촌에 가 있던 것은 아니에요. 완벽하게 편안했어요. 척추에 문제가 있고 가구도 없었던 것치고는 말이죠. 하지만 이런 일은 어디서나 벌어질 수 있지요.

바로 이런 이유 때문에 제가 국제 앰네스티 에세이에서 제시할 수 있었던 유일한 유비가 소쉬르에게서 가져온 것이었음을 말하려고 이 스토리를 여러분과 나누었어요. 제가 배웠고 가르치고 있는 '서구' 이론이 저를 돕긴 했어도 충분치는 않았다는 걸 저는 강조합니다. 그 이유는 모든 유비가 틀리기 때문이에요. 실은 다른 스토리로 인해 드러난 바지만 바드랄로크의 자애로운 독재에서 벗어났기 때문에 사실 저는 〔저 푸룰리아 사람들의〕 애국심을 더 이상 갖지 않아요.

'의지 앞에서〔의지에 앞서〕'의 또 다른 사례를 들어 보겠
습니다. 저는 아주 어려서부터 좌골 신경통을 앓아 왔고 그
게 지금은 척추 협착증으로 발전했어요. 5개월 된 아가 가
야트리의 등이 쫙 펴졌을 때 어떤 '내'가 일부 유전적 기입
을 잘못 '읽었고', 그로 말미암아 최하단 요추골이 천골 쪽
으로 기울었지요. 너트가 아니라 나비 너트처럼 생겼어요.
그것이 요대와 엉켜 대좌골 신경이 통과하는 구멍이 신경
을 압박합니다. 유전적 기입을 잘못 읽은 건 누구일까요?
저는 월령 5개월이었어요. 그건 '나'였지만 의도하는 주체
는 아니었지요. 그게 제 삶을 영원히 바꾸었어요. 저는 좌
골 신경통을 얻었지요. 하지만 유전적 기입을 잘못 읽었던
주체에게 질환은 정상이었어요. '의지 앞에서〔의지에 앞
서〕'였던 게지요. 물론 '잘못'이라는 단어를 사용하는 것도
문제가 있어요. 유전적 기입은 이러한 전체 DNA 수집에
의해 이런 방식으로 읽히는 것이라 이 신체에는 올바른 것
이거든요.

이것이 신체 – 정신 문제에 관한 현대 철학의 전회입니
다. 합리적 선택 위에 세워진 한정된 윤리를 유전체학 연구
자들은 지루하다고 여겨요. 그들은 또한 윤리적 해법을 주
려고도 하지 않아요. 그들은 무조건적 윤리에 관한 우리식
의 사유를 더 흥미롭다 여기지요. DNA 경로로서의 인간
존재 안에는 무조건적인 것이 많으니까요. 여하간 저러한
것이야말로 제가 의지 앞에서〔의지에 앞서〕 유전적으로
기입되는 것 운운했을 때 말하려던 겁니다. 유전적 기입에
관한 한 '누구의 의지인가'라는 질문에는 사실 답할 수 없
어요.

그와 같은 사태들을 간파해 내기 위해 저는 아드리시토 adrishto 안에 있는 초월론적인 것에 대한 직관으로 돌아갑니다. 삶을 기입하는 보이지 않는 것으로서의 근원적 타자성이 아드리시토예요. 저러한 것에 대해 헤겔은 주인-노예 변증법의 발동에 앞서는 현상학적 에피스테메 도식의 단계들이라고 생각하지요.「문화로서의 번역」(2000)과「비교 연구를 다시 생각함」(2009)에서, 멜라니 클라인을 요약하며, 저는 의지 앞에서〔의지에 앞서〕모어에 접근하는 것을 묘사했어요. 이 접근은 유아가 하나의 언어를 창안하는 방식으로 이루어져요.[22] 부모가 유아의 언어를 배우지요. 다른 한편으로 부모는 어떤 언어 안에서 살아요. 부모가 태어나기 전 혹은 아이가 태어나기 전의 역사를 지니며 부모가 죽은 뒤 혹은 유아가 죽은 뒤의 역사도 계속 지닐 그런 언어 안에서 사는 겁니다. 부모-유아의 이러한 제1언어 습득 교류에서(그것은 하나의 제1언어일 수도, 제1언어들일 수도 있는데―반드시 모어여야만 하는 것은 아니에요), 바로 여기서 부모는 유아의 언어와 더불어 할 수 있기 위해 이 언어를 자신들이 거주하는 명명된 언어(들) 안으로 삽입합니다. 그들의 말인즉슨 아동은 이러한 언어 교류를 통해 자신의 창안된 신체를 부모의 신체 부분들과(왜냐하면 이것이 바로 그때 아동이 지각하고 있는 전부고, 바로

---

22 Spivak, "Translation as Culture", *Parallax* 6(1), 2000, pp.13~24; "Rethinking Comparativism", *New Literary History* 40(3), Summer 2009, pp.609~626〔「문화로서의 번역」,「비교주의를 다시 생각하기」,『지구화 시대의 미학 교육』, 태혜숙 옮김, 북코리아, 2017〕.

그때 아동이 획득한 전부이기에) 연관시킨다는 것이지요. 이 모든 것이 그 어떤 이론화도 없이 일어나요. 아동은 이 론화하지만—유아가 어떻게 이론화하겠어요? 언어 습득 은 말하자면 일종의 윤리적 기호 체계를 건설합니다. 일단 의 알파벳으로서의 부모의 이러한 기관/부분을 통해서요. +/-의 인공 지능 모델에 기반을 두고요. 하지만 저 윤리적 기호 체계는 실제로는 정확하게 인공적이지는 않은 것이거 나 자연적인 것으로서의 총체적으로 인공적인 것입니다. 의지 앞에서[의지에 앞서].

윤리적 기호 작용semiosis을 구축하는 이 상황에서, 필요 와 욕망의 구별, 쾌락과 만족의 구별, 불만족과 억제의 구 별이라는 윤리적 요소들이 관여됩니다. 자아에게는 사회 적 담론에 해당하는 것인 전개된 의지 앞에서[의지에 앞 서] 말이지요. 교사가 양성하고자 하는 것이 바로 이런 관 계예요. 보장은 없지만요. 에피스테몰로지 수행을 훈련시 키고자 하는 것이랄까요. 이런 일은 어느 언어에서든 일어 날 수 있어요(이것이 「비교 연구를 다시 생각함」에서 제가 말한 바입니다). 부모가 완전 비문해자고 어리석으며 꼴 통 주정뱅이인 데다가 살인자요 도둑이라 하더라도 유아 가 한 명의 유아로서 저러한 언어를 습득한다면 이런 일— 제가 방금 묘사한 것—이 일어나거든요. 그건 부모의 훈육 사안이 아니에요. 훈육도 중요하긴 하지만 부차적이지요. 일어나는 것은 하나의 과정입니다. 어느 언어든, 심지어는 문법조차 전혀 갖춰지지 않은 가장 무시되는 사적인 언어 라 하더라도—유아가 그 언어를 습득한다면 그 언어에서 이런 일이 일어날 수 있어요. '의지 앞에서[의지에 앞서]'

는 논리적 의지를 가리킵니다. 유아도 모종의 의지를 가지니까요. '앞에서〔앞서〕'가 단지 연대기적인 것은 아니에요. 프로이트가 말하듯 '메타 심리학적'이지요.[23] 유아 심리학은 아직 발전하지 못했어요. 그래도 유아에게서 활성화되는 회로들은 메타 심리학적이에요. 믿기 어려운 유형의 식재植栽랄까요.

바깥의 부름이 있다는, 그러므로 인간 존재들은 타자의 부름을 통해 인간이 된다는 관념이, 이제 제게는, 너무 감상적인 걸로 보여요. 「잘못을 바로잡기」에서 저는 서발턴 인민이 자신의 문명 안에서 이것을 지켜 왔다는 윤리적 주장으로 나아갈 수 있었지요. 자민다르가 여러분을 항상 주시한다면 다른 세상이라고 해서 과연 여러분이 무엇일 수 있겠어요? 이러한 유아화에는 자아를 위한 여지가 없어요. 서발턴이 현실적으로 어떻게 움직이는지를 시험해 볼 수 있는 방도는 사실상 없지요. 전혀 없어요. 상처를 주는 것이 역사예요. 이제 그걸 느낍니다.

이것이 모든 언어에 대해 진실일 수 있는 까닭은 그 언어들이 유아에 의해 습득되고 생산되기 때문이에요. 하지만 또 다른 층위에서 여러분은 권력 자원들을 향해 투쟁해야 해요. 다른 곳에서도 그렇지만 오늘의 인도에서는 특히

23 Freud, "Beyond the Pleasure Principle"(1920) in *The Standard Edition of the Complete Psychological Works of Sigmund Freud*, James Strachey ed., Vol.18, *"Beyond the Pleasure Principle", "Group Psychology", and Other Works*, James Strachey with Anna Freud, Alix Strachey and Alan Tyson trans., London: Hogarth, 1955, pp.7~64〔「쾌락 원칙을 넘어서」, 『정신 분석학의 근본 개념』(개정판), 윤희기, 박찬부 옮김, 열린책들, 2020〕.

금융적인 자원들을 향해 투쟁해야 하지요. 여하한 사회적 현존도 정치적으로 거부당해 온 언어들을 향해서도 투쟁해야 하고요. 이는 여하한 언어든 그것이 언어이기만 하다면 인간 존재의 메타 심리적 회로를 작동시킬 능력이 있음을 받아들일 수 있는지 여부와는 상이한 쟁점입니다. 유아가 그 언어를 세계를 다루는 그런 언어로 습득하는 것에 의해 작동하는 저 회로를 말이지요. 이것은 문자 해독, 숫자 해독, 제도 교육에 앞서는 겁니다. 바로 '의지 앞에서[의지에 앞서]'라는 상황이지요. 물론 저는 새로운 경험에 비춰 「잘못을 바로잡기」를 수정하는 중이에요. 저는 권리와 책임이 '도래하다'라는 영속적 양식으로 모두에게 공유될 수 있다고는 더 이상 믿지 않아요. 이제는 이것이 교육 철학을 통해 하나의 정신 집합으로서 에피스테몰로지적으로 창조되어야 한다고 믿지요. 이 교육 철학을 아직은 구상할 수 없네요. 그 이유는 제게 의뢰하는 서발턴들과 저 사이에 제 신분과 계급으로 인해 역사적으로 확립된 거리 때문이지요. 이 교육 철학은 정당 형성 전 단계보다 더 복잡해요. 억압에 맞서는 집단성들을 생산하는 것보다 더 복잡하고요. 피억압자의 페다고지도 아니지요. 미사여구가 아닌 거예요. 이 교육 철학이 서발턴 문화들로부터 자연적으로 생겨난다고도 더 이상 믿지 않아요. 혹여 그럴 수 있다면 역사적 범죄들을 너무 쉽게 해지할 수 있을 테니까요!

비르붐에서는 서발턴 계급들이 모종의 인류학적 영합 속에서 보존되지 않았어요. 그런 연유로 보이는 거죠. 그들이 인지적으로 얼마나 훼손되었는지가요. 저는 필요할 때는 기계식 학습에 반대하지 않아요. 사실 저는 영문과 우등

졸업을 위해 1등급 학점을 원했기 때문에 경제학과 역사 과목 자료를 통째로 암기했어요. 모친에게 말했지요. "엄마가 지난 20년간 기출 문제를 읽고 예상 문제를 준비해 줘. 이번 주말에 경제학 과목만 공부할 거야. 엄마, 나는 해낼 거야." 그러고는 1등을 했지요. "엄마, 다른 건 공부할 필요 없고 역사랑 경제학만 하면 되거든. 엄마가 문제를 만들어 주고 내가 주말에 답안을 다 외우는 거야. 잘해 줘. 아니면 나 떨어져." 엄마는 훌륭했어요. 온갖 것을 다 마련한 적자 재정. 저는 숫자를 통째로 암기했지요. 그것들의 의미를 제게 묻지 마세요─전혀 몰라요. 이것은 제가 필요 시에는 기계적 방식을 사용할 수 있음을 입증하지요. 하지만 이것이 경제학과 역사를 배우는 좋은 방식이었을까요? 저는 별을 따지 못했어요. 모친이 세 논제를 놓쳤거든요. 모친이 리슐리외를 놓쳤는데, 저는 알렉상드르 뒤마를 읽었고 영어를 잘 쓰는 편이라 그 문제를 맞혔어요. 모친이 자민다르 체제를 놓쳤는데 저는 사랑 찬드라를 읽었고 영어를 잘 쓸 수 있었기 때문에 그 문제도 맞혔어요. 모친이 놓치는 바람에 제가 별을 놓치게 된 논제는 '1936년 소련 헌법'(1944년 수정된)에 관한 것이었어요. 이건 제가 영어를 잘하는 것과 무관하게 벌충할 수 없었어요. 여하튼 저는 필요 시에는 기계적 방식을 사용할 수 있었지요. 서발턴 계급들 사이에서 저를 곤혹스럽게 하는 것은 미리 설정된 이해할 수 없는 질문들에 대한 기계적 답변들 말고는 없어요. 1,000년의 억압으로 파괴된 인식 도구들을 향한 지적 노동의 가능성을 더욱 훼손하는 건 이처럼 이해하지 못한 채로 습득한 답변들입니다.

제 조카딸 하나가 국제 농약 행동망에서 활동하는 운동
가예요. 저 당시 그 애는 델리 대학 건축학과를 막 졸업하
고 유니버시티 칼리지 런던에 등록했어요. 걔를 제 강연에
데려갔지요. 강연을 마치고 걔한테 무슨 생각을 했냐고 물
었어요. "정말, 정말 좋았어요"라는 답을 기대했지요. 조
카의 말인즉 "저기 있잖아요, 숙모 강연은 조직적이질 않
아요. 제가 전에 듣던 강연들에 비하면요". 그러면서 정말
로 직선적인 유형의 사회 과학 지식인을 언급하고는 "그런
게 좋은 강연이죠"라고 말하는 겁니다. 크게 낙담한 저는
"쳇!" 해 버렸지요. 한참 뒤에 조카가 말했어요. "숙모, 제가
지금 일하는 저 교류를 생각해 보면 비로소 숙모가 하는 걸
알겠어요. 그렇다고 그 말을 취소할 순 없다는 거, 아시죠?
델리 대학 출신인 저희는 콜카타 지식인을 좋아하지 않잖
아요, 숙모. 그게 전부였어요. 다른 건 없어요." 조카의 논평
과 유사한 논평을 이후에도 받아 봤어요. 델리-콜카타 갈
등에 관해서는 확실히 아무것도 몰랐던 캐나다 핼리팩스
대학의 어리고 명민한 1학년 학생이었지요. 공교롭게도 아
랍의 봄 전야였어요. 거기서 저는 아랍 지식인들의 요청에
응해 이 사태에 대해 논평했는데 저 학생이 조카와 유사한
논평을 한 겁니다. 이런 논평들에 대한 반응으로 이제 저는
강연 때마다 말미에 논지 요약을 제공하려 노력해요. 저는
사실 탈조직화되어 있는 것이 아니라 단지 다르게 결정되
어anders determiniert (프로이트) 있거든요. "과잉 결정되어
있는"에 대한 하나의 묘사랄까요. 의지 앞에서[의지에 앞
서]?

텍스트에서는 무슨 일이 일어나는가

J. M. 쿳시의 『서머타임』과 엘리자베스 개스켈의 『남과 북』

두 발표문은 정말 뛰어났어요. 좋은 논문이라고 할 만한 방식으로요. 그렇지만 또한 소설을 바르트와 벤야민과 바흐친—근사한 B 패턴!—사이를 오가는 특정 유형의 이론을 위한 증거로 제시했네요. 포스트모던 서사, 메타 서사, 자기-지시적 글쓰기 같은 관념을 위한 증거로요. 우리는 읽을 때 이런 충동들에 저항하려 노력해요. 그리고 소설 안에서 일어나는 일은 산문임을 기억하려 노력하지요.

그래서 우리는 '무슨 일이 일어나는가'라는 질문으로 시작합니다. '이것은 자신이 포스트모던 텍스트임을 어떻게 입증하는가'라는 질문이 아니라요. 더 나아가 우리는 '거기에 왜 이런 간지ruse가 있는가'라고 묻지요. 우리는 소설 안에 있는, 소설의 욕망을 각색해 보려 합니다. 쿳시에게는 '작가가 직접 개입함'writerliness이 있다는 견지에서 우리는 그 소설이 『어둠의 땅』(1974)과 『추락』(1999) 사이에 놓인다는 걸 기억해요. 『서머타임』[1]의 1장인 줄리아 섹션에서 소설의 인물인 쿳시는 『어둠의 땅』을 줄리아에게 가져와 이 책에 대해 논평하지요. 줄리아는 『어둠의 땅』에 관한 자

＊ 강의에서는 스피박의 논평에 앞서 푸네 대학 영문과 박사 과정 학생인 체탄 소나와네와 석사 과정 학생인 남라타 사테의 발표가 있었다. 이들의 발표문은 별도로 신청하면 받아 볼 수 있다.

신의 견해를 표명하고요. 이는 명확히『서머타임』의 독자에게『어둠의 땅』을 참조하고 1974년이라는 시점을 표시해 두라고 청하는 것이지요. 우리는 그걸 유념하고 있어요. 이 소설은 그저 소설 작법에 관한 책이 아니에요. 하나의 자서전이지요. '현실의' 날짜가 있어요.『어둠의 땅』과『추락』의 출간일인〔현실의 날짜와〕'같은 날짜'의 실존적으로 취약해진 자아 규범성autonormativity과의 고리 안으로 타자 규범성heteronormativity을 끌어들이는 날짜가 있는 것이지요. 쿳시가 구축한 한 인물—그의 동료인 소피—은『추락』이후의 작품은 "읽지 않았어요"라고 말하게 됩니다.

달리 말하면 이 책에는 쿳시의 작품 이력에서『어둠의 땅』-『추락』구간을 통과한다고 단언되는 어떤 것이 있어요. 그것은 과연 무엇일까요? 우리의 첫째 실마리는 남아프리카를 떠나는 쿳시가 이 책을 쓴다는 겁니다.

마치 독자에게 퍼즐을 풀어 보라고 권하는 것만 같아요. '사실들'이 있어요. 심지어 어쩌면 우리는 아프리카 민족회의가『추락』에 가한 반박들을 고려해야 할 거예요. 그래서 여러분에게『추락』에 관한 제 에세이를 읽어 보라고 권합니다. 이 글은 저 사태가 독해 실패임을 지적하고 있거든요. '저자 요인'이 매우 커요. 그의 이름이 거기 있고, 노벨상이 거기 있지요. 이 소설은 진공 속에 있는 것이 아니에요.『모비 딕』(1851)의 고래 연구 대목처럼 우리가 문학적

---

1 J. M. Coetzee, *Summertime: Scenes from Provincial Life*, New York: Penguin, 2009. 이하에서는 S로 인용하고 분문에 쪽수와 함께 표기한다〔『서머타임』, 왕은철 옮김, 문학동네, 2019. 본문에 영어판 쪽수 표기 시 한국어판 쪽수도 대괄호에 묶어 함께 표기〕.

인 것을 증거로 환원하지 않도록 이 소설은 읽기에서 단순 사실이 지닌 유용성과 한계들을 보여 줍니다. 의도론의 오류에 대한 경고들―미국에서 신비평이 제공한 좋은 경고들―이 역사적으로 냉전기에 기입되었음을, 이것이 일종의 책임 방기임을 우리는 기억하지요. 여기〔『서머타임』〕서 저자는 텍스트 '바깥'에 있는 대신에 텍스트가 됩니다. 미국식 포스트모더니즘은 이런 걸 받아들이지 못했어요. 하지만 주요 '포스트모던' 인사로 (안타깝게도 하버마스의 1983년 인터뷰 이래 잘못)[2] 불리는 이들은 삶들의 텍스트성을 탐사하지요. 그들과 함께하는 쿳시는 그런 관심에 관여하고 있고요. 인물-로서의-저자인 게지요.

인물-로서의-저자는 쿳시의 작품 이력에서 『어둠의 땅』-『추락』 구간을 통과하는 데 필요한 조금 더 많은 자료를 우리에게 줄지도 몰라요. 2013년에 나온 『예수의 어린 시절』로 넘어가 봅시다.

시몬과 다비드, 한 남성과 소년이 보트를 타고 새 삶을 찾아 도착해요. 다비드의 아버지는 오는 도중에 사고로 사망했지요. 다비드는 어머니의 신원을 확인해 줄 편지를 지니고 있었지만 이것마저 잃어버렸어요. 그러니 여인숙에 당도한 친척 아닌 어른을 따라온 미등록 이주 아동이 있는

2 Jürgen Habermas, "Conservative Politics, Work, Socialism and Utopia Today", interview by Hans-Ulrich Beck, 2 April 1983, Peter Dews trans., in Peter Dews ed., *Autonomy and Solidarity: Interviews with Jürgen Habermas*, London: Verso, 1991, pp.131~146. 또한 Habermas, "Modernity Versus Postmodernity", Seyla Ben-Habib trans., *New German Critique* 22, Winter 1981, pp.3~14도 보라.

것이고, 이 아이는 제 어미를 찾고 있는 겁니다. 책 제목 덕분에 우리는 이 소년이 아이 예수라고 생각하게 되는데 우리가 틀린 건 아니에요. 시몬은 증거가 아니라 직관에 의지해 다비드의 어미를 '찾아'요. 다비드가 기적의 아이다 보니 정규 교육과 관련된 문제들이 있어요. 이런 문제들을 겪고 나서 시몬과 '찾아낸' 어미인 이네스는 법을 탈출해 차를 몰아 길을 나서요. 다시 새 삶을 찾아서요.[3]

이것이 『예수의 어린 시절』의 서사예요. 평소처럼 쿳시는 수사학적인 신호들을 설치하지요. 자신을 어떻게 '읽을' 것인지를 우리에게 가르치는 겁니다. 그가 자신과 비슷하지 않은 사람들의 스토리를 소설에서 무대화해 그들의 사고 방식에 근접하려 해 왔다는 것을 상기하게 되네요. 예컨대 버려진 사람들(『마이클 K의 삶과 시대』[1983]), '야만인' 여성들(『야만인을 기다리며』[1980]), 늙은 여인들(『철의 시대』[1990]와 엘리자베스 코스텔로 소설들), 식민지인과 노예(『포』[1986])가 있고 목록은 더 이어집니다. 그리고 그는 백인 크레올이 포스트식민 국민에 대해/안에서 정직할 권리와 사랑할 권리라는 질문을 적극적으로 반복해 무대화하지요. 과거에 식민지인이었던 이들을 거리를 두고 존중하는 것에 불과한 정치적 올바름에 단순히 복종하는 걸 넘어서기 위해서요. 이 질문이 그의 작품 전부를 사로

3　이것은 다음 글에서 수정해 가져온 요약이다. Spivak, "Lie Down in the Karoo: An Antidote to the Anthropocene", review of *The Childhood of Jesus* by J. M. Coetzee, *Public Books*, 1 June 2014. Available at http://www.publicbooks.org/fiction/lie-down-in-the-karoo-an-antidote-to-the-anthropocene(2014년 8월 8일 최종 확인).

잡았던 것 같아요. 특히 두드러지는 게『추락』, 특유의 '자서전적인' 작품인『소년 시절』(1997),『청년 시절』(2002),『서머타임』그리고『예수의 어린 시절』이에요. 불확실하게나마 그의 궤적을 정리해 봤어요.

『소년 시절』에서, 평소처럼 '사실들'을 주무르며, 허구의 인물인 존 쿳시는 한 명의 소년으로서, 3인칭으로, '카루'에 대해 생각합니다. 그곳엔 푸얼폰테인이라는 그의 가족 농장이 있어요.

> 그는 그곳〔농장〕의 돌멩이 하나하나를, 수풀 하나하나를, 풀잎 하나하나를, 그리고 그곳에 그런 이름이 붙게 한 새들을 사랑한다. 땅거미가 지면, 수천 마리의 새가 샘 주변에 있는 나무들로 모여들어, 서로를 부르고, 속삭이고, 깃털을 파닥이고 밤을 감내한다. 그가 사랑하는 것처럼 다른 사람이 농장을 사랑할 수 있으리라고는 생각할 수 없다. 〔…〕만약 그가 학교에 가는 걸 그만두고 농장에서 살고 싶다고 청하면, 대가를 치러야 할까? 질문하는 걸 그만두고, 그래서는 안 된다는 것들에 복종하며, 하라는 대로 반드시 해야만 하리라는 대가를. 그는 굴복하고 대가를 치를 준비가 되어 있을까? 가족의 일원이 될 필요 없이 그가 살고 싶은 대로 카루—세상에서 그가 있고 싶은 유일한 장소—에서 살 방법은 없는 것일까? 〔…〕푸얼폰테인의 모든 것을, 그곳에 있는 돌 하나하나와 숲 하나하나까지 다 알기에는 단 한 번의 삶으로는 시간이 충분치 않다. 그토록 열렬한 사랑으로 한 장소를 사랑할 때 시간은 충분할 수 없는 법이다.[4]

몇 년 전 저는 『민족주의와 상상력』에서 다음과 같이 썼어요. 사람들이 자신의 언어와 고향에서 누리는 밑바닥 안온함으로 민족주의는 마법을 부리는데, 이런 안온함 말고 다른 것이 전혀 없을 때 이 안온함은 긍정적인 정서가 아니라는 걸 함께 일했던 이들에게서 보았다고요.[5] 기성 민족주의로부터 신흥 국민 국가가 시작되던 독립 당시에 대도시 콜카타 사람이었던 저는 아마도 이걸 알지 못했을 테지요. 이런 안온함 말고 다른 것이 전혀 없을 때, 이 안온함은 단순히 거기 있음thereness으로 작동해요. 제가 저항 집단들이 아니라 비참을 정상으로 받아들이는 사람들에 관해 논하고 있음을 부디 기억해 주세요. 그들이 서발턴이고, 제가 함께 일했던 사람들이에요. 저는 이것을 아래로부터 배웠어요. 이런 안온함을 앗아 가면 무력함, 방향 상실, 의존이라는 감정이 남지요. 국민 따위nation thing가 아니라요.

식민화를 수행하는 엘리트가 서발턴의 이 무력함에 접근할 권리를 획득했던가요? 역사가 개인 정서보다 훨씬 더 크니 결국 정치적 올바름만 허용되는 건가요?

『서머타임』에서 카루에 대한 존 쿳시의 사랑은 사촌 마르곳과의 대화에 나와요. 마르곳은 이 대화를 인터뷰어인 빈센트에게 말해 주죠. 쿳시는 그녀에게 자신의 비밀을 말합니다. 그러고는 "'카롤에게는 그걸 밝히지 마'라고 그

4   Coetzee, *Boyhood: Scenes from Provincial Life*, New York: Penguin, 1997, pp. 80, 91 〔『소년 시절』, 왕은철 옮김, 문학동네, 2018, 128, 145쪽〕.
5   Spivak, *Nationalism and the Imagination*, London: Seagull Books, 2010을 보라.

가―그녀의 사촌인 존이―말한다. '뭐든 비꼬는 카롤에게 내가 카루를 어떻게 느끼는지 말하지 말아 줘. 네가 말해 버리면, 나는 한없이 시달리게 될 거야'"(S: 98〔154~155〕).

인간이 고등 영장류와 공유하는 이 정서의 본성에 대한 저 자신의 감각을 확증해 주는 대목이 위의 인용 바로 앞에 나오는 부분이에요. 전해지는 대화에서 사촌 쿳시는 유진 머래이스의 『내 친구 개코 원숭이들』(1939)을 인용하지만, 마르곳에게는 이것이 다소 쓸데없는 것이지요.

'그는 무리가 약탈을 멈추고 지는 해를 바라보던 황혼 무렵에 가장 늙은 개코 원숭이들의 눈에서 우울감이 일렁이는 걸 간파했노라고, 자신들의 필멸에 대한 최초의 자각이 탄생하는 걸 간파했노라고 썼지.' 〔…〕 '무리의 우두머리로 머래이스와 가장 가까웠던 그 늙은 수컷 개코 원숭이가 지는 해를 바라보며 생각했던 걸 나는 이해해. 이제 다시는 없으리라고, 녀석은 생각하고 있었지. 삶은 단 한 번이니 이제 다시는 없으리라고. 없으리라고, 없으리라고, 없으리라고. 내게도 카루는 그와 같은 거야. 카루는 나를 우울함으로 채워. 카루는 내가 삶에 만족하지 못하게 만들어.' 그녀는 개코 원숭이들이 카루 혹은 그들의 유년기와 무슨 관계가 있는 건지 아직 모르지만, 티를 내지는 않는다. (S: 96~97〔152~153〕)

저는 가나에 머물면서 두 보이스의 개인 소장본들을 읽었어요. 19세기에 쓰인 것이 분명한 텍스트들로 남아프리카를 묘사하고 있었지요. 그중에서도 가장 분명한 것은 조지 스토의 유작인『남아프리카의 토착 인종들』(1905)로, 이 책은 네덜란드인과 이어 보어인 농부들의 악랄한 절멸 정책을—이 농부들이 쿳시의 선조인데—때로는 식민지 당사자들의 목격담을 통해 이야기해 줍니다. '쿳시'라는 성은 식민 정착민과 소위 〔네덜란드어로 혼혈을 뜻하는〕 바스타르트Bastaard 모두가 사용해요. 그러니 우리는 다시 묻게 됩니다. 아마 쿳시도 물을 거예요. 과연 역사는 개인적 선의에 비해 얼마나 더 큰 걸까요? 이러한 질문이 식민 이전 시기의 폭력, 약탈, 노예 무역 등등과 관련해서는 보류되어야만 하나요?『예수의 어린 시절』에는 이런 것이 아예 없어요.[6] 제 읽기는 심층 배경 같은 것에 오염되어 있어요.[7]

존이 줄리아에게 건넸다는 선물인『어둠의 땅』을 이제 열어야 할 순간이네요. 이 책에는 두 편의 중편이 들어 있어요. 첫 중편「베트남 프로젝트」에서는 텍스트상으로 정신 분열적인 저자가 한 명의 화자를 사용하지요. '쿳시'에게 깊은 적개심을 품고 있는 이 화자는 우리가 베트남 이후에 '외상 후 스트레스 장애'라고 부르게 된 정신병 상태로

6 유일하게 가능하면서도 개연성은 거의 없는 연계는 시몬과 다비드가 다시 태어나는 도시의 이름일 텐데, 노빌라Novilla라는 이 이름은 호사족Xhosa 최후의 추장 크렐리의 손녀인 퀸 노빌리Queen Novili를 연상시킨다(John Henderson Soga, *The Ama-Xosa: Life and Customs*, Alice: Lovedale Press, 1932, p.106); 분명히 '현황 조사'가 아니라 '식민 고전'이라 명명된 두 보이스의 개인 장서.
7 고향의 농촌 무토지 달리트들 사이에서 교사들을 훈련해 온 지난 30년간 이 질문을 계속 자문해 왔다. 내가 속한 카스트와 계급은 1,000년 동안 그들의 지적 노동권을 거부해 왔고, 다수의 잔혹한 물질적 방식으로 그들을 억압해 왔으며, 그들의 사회적·정신적 열등함을 그들에게 납득시켜 왔다.

전락하는 인물이에요. 둘째 중편 「야코부스 쿳시의 이야기」는 저자의 실제 선조가 남긴 실제 18세기 기록에 대한 허구적 해명이지요(작가의 영감이라는 측면에서 보면 아시아 제바르가 1991년에 낸 『메디나에서 멀리 떨어져』에서 어느 중세 아랍 텍스트 안에 있는 여성들의 순간들을 상상해 냈던 것과 비견할 만하지요). 이 해명 자체가 또한 텍스트 안에 포함되고요. 이 데뷔작에서 이미 우리는 '쿳시' 성을 지닌 인물이 제국주의에 연루되는 허구적 무대화를 보게 됩니다. 절멸 제국주의의 일정한 역사적 연속성이, 아마도, 확립되는 것이지요. 『서머타임』은 그것에 주목해 달라고 우리에게 주문해요. 야코부스 쿳시를 논하는 『어둠의 땅』의 흥미로운 부분에서 '쿳시'는 미국과 남아프리카 사이에 특유의 연계를 확립합니다.

내친 김에 잠시 멈추고 일별해 볼 수 있습니다. 백인의 식민화와 관련해 회사〔네덜란드 동인도 회사―스피박〕의 소심한 정책에는 슬픔을 느끼면서, 18세기에 네덜란드 인구가 정체된 것(태만으로 인한? 자족으로 인한?)에는 유감과 당혹감을 느끼면서, 같은 시기에 백인 인구를 기하급수적으로 증가시키고 원주민 인구 성장을 너무나 효과적으로 억제해 1870년에 이르러 인디오가 예전보다 훨씬 줄어든 미국의 성장에는 동경하는 감탄을 보내면서.[8]

8 Coetzee, *Dusklands*, New York: Penguin, 1982(1974), p.112, 이하에서는 D로 인용하고 분문에 쪽수와 함께 표기한다〔『어둠의 땅』, 왕은철 옮김, 들녘, 2006, 187쪽. 본문에 영어판 쪽수 표기 시 한국어판 쪽수도 대괄호에 묶어 함께 표기〕.

『예수의 어린 시절』은 「베트남 프로젝트」를 해지하는 것처럼 보여요. 이 중편에서는 생물학적인 아비가 생물학적인 어미로부터 아이라는 존재를 차지하려고 아이를 찌르거든요. 야코부스 쿳시의 허구적 서사에서는, 감탄이라든가 그럴 법하지 않은 철학적 사변과 결합된 역사적 인종주의를 제쳐 두면, 주인공이 겪은 어마어마한 설사를, 그리고 "쾌변"(D: 93〔157〕)을 보지 못하는 그가 자아를 회복하려는 에피스테몰로지 수행을 시시콜콜 늘어놓는 게 대부분의 이야기예요. 2009년 텍스트에서 개코 원숭이를 내세운 것이 공간에 대한 동물의 애착을 상기시킨다면, 1974년 텍스트는 땅의 지워질 수 없는 기입 안에서 주인과 인간이 섞이는 걸 이야기합니다. 대상으로서의 인간적인 것을 윤리적인 것의 시작으로 파악하는 레비나스의 관념이 전화된 것이라 할까요.[9]

두피와 수염에서 나온 머리카락과 각질. 귀에서 나온 귀지. 코에서 나온 점액과 피(각각 독감과 구타로 인한, 클라버와 디코프〔호텐토트 일행—스피박〕의 것). 눈에서 나온 눈물과 점액질 덩어리. 입에서 나온 피, 썩은 이, 결석, 가래, 토사물. 피부에서 떨어진 고름, 피, 딱지, 진물로 흘러내리는 혈장(플라키어〔호텐토트 일행—스피박〕가 화약에 데어 생긴 화상), 땀, 피지, 각질, 털. 손톱 부스러기, 손가락

---

9   Emmanuel Levinas, *Otherwise Than Being, or Beyond Essence*, Alphonso Lingis trans., Pittsburgh, PA: Duquesne University Press, 1998(『존재와 달리 또는 존재성을 넘어』, 문성원 옮김, 그린비, 2021).

과 발가락 때. 오줌과 미세한 신장 결석들(케이프 물은 알칼리성이 강합니다). 치구(할례는 반투족만 합니다). 배설물, 피, 고름(디코프의 몸에 독이 묻어 생긴 것입니다). 정액(모두에게 해당합니다). 두 번의 행렬로 남부 아프리카 전역에 퇴적된 이 잔재들은 햇볕, 바람, 비, 벌레 왕국의 대처로 인해 곧 사라졌습니다. 물론 이 잔재들의 원자 성분은 여전히 우리 안에 있지만요. 스크립타 마넨트scripta manent〔기입된 것은 남아 있다〕.(D: 119〔198~199〕)

『예수의 어린 시절』이 식민주의 지형론 바깥에서 땅에의 애착을 서술하는 일련의 텍스트 중 마지막 작품이라는 제 직관을 확고히 하기 위해 이 텍스트들을 인용했어요.

『예수의 어린 시절』의 새로운 땅은 역사가 없어요. 능동적 망각의 장소(니체)인 이곳은 포스트식민적인 백인 크레올 주체가 식민화되기 이전의 아프리카에서 최상의 것을 상상하는 방식이라고 봐요. 시몬은 거듭 "왜?"라고 물어요. 그리고 마침내 이성과 아이러니에서 믿음으로 올라서지요. 시몬은 그의 새 이름이에요. 아마도 시몬 베드로를 암시할 테지요. 베드로가 예수를 수행하며 그의 변모를 보았듯이 이 시몬도 병원에서 같은 일을 겪어요. "마차는 상아 혹은 상아를 입힌 금속으로 만들어졌고 두 마리 백마가 끌고 있다.〔…〕한 손으론 고삐를 쥐고 다른 손은 제왕처럼 높이 쳐든 그 소년은 면으로 만든 샅바 하나만 달랑 두른 벌거벗은 모습이다."[10]

그가 어린 예수를 새로운 삶으로 이끌어요. 아마도 그러한 인간이 본 환영에서 어린 예수는 그러한 사회에서만 성장할 수 있을 거예요. 물론 잠시뿐이지만요. 성인 예수는 시간에서 벗어난 조건법적counterfactual 시간 양식 속에서 오직 '도래하리라고' 상상될 수 있을 따름이기 때문이지요. 조이스의 게이브리얼 콘로이처럼 시몬은 자신이 알 수 없는 것을 상상할 능력이 있는 모습으로 제시됩니다.[11]

대부분의 사회는 지각되는 성차에 의해 추상적으로 구축됩니다. 이것은 사람들이 지각할 수 있는 가장 쉬운 물질적 차이예요. 묵시적으로 글로벌한 것이기도 하지요. 남성 학자들이 글로벌한 것을 상상하기도 전에 말입니다. 쿳시는 전체 스토리를 이러한 차이 안에서, 어미 찾기 질문들과 처녀에 의한 잉태를 중심으로 연출해요. 엘레나라는 합리적인 여성이 있어요. 시몬과 다비드는 잘못된 지도 탓에 찾게 된 장소에서 그녀를 우연히 만났지요. 서른 살 먹은 처녀―생리대에 관한 난처한 에피소드가 나오지요(CJ: 135)―라는 사실에도 불구하고 엘레나는 시몬이 다비드의 어미를 직관적으로 선택하는 것에 강하게 반대해요.[12]

10   Coetzee, *The Childhood of Jesus*, New York: Penguin, 2013, pp.237~238, 이하에서는 CJ로 인용하고 분문에 쪽수와 함께 표기한다.

11   James Joyce, "The Dead" in *Dubliners*, New York: Viking, 1967(1914), pp.175~224(「죽은 사람들」,『더블린 사람들』, 성은애 옮김, 창비, 2019)를 보라.

12   한편 오류로 인해 접근하게 된다는 것은 하나의 작은 토포스다. 예컨대 프테로닥틸이 출현한 어느 부족 권역을 탐사하러 가는 인도 기자에 대한 이야기인 마하스웨타 데비의 「프테로닥틸, 푸란 사하이, 피르타」에서 그 고대 조류가 서식하는 울타리 안으로 자신이 들어섰음을 이 기자가 알게 되는 것은 부족민들이 던진 질문에 답하지 못하는 바로 그 순간이다. 더 많은 사례를 들 수 있다.

쿳시의 스토리는 획정할 수 있는 지리적 윤곽이 없는 희귀한 (그리고 매혹적으로 따분한) 원시 사회주의를 펼쳐보입니다. 모든 사람이 바로 그런 사회로 와서 다시 태어나는 것이지요. 그들의 도착 일자가 새 생일이에요(CJ: 201). 이는 아이러니 없는 사회예요. 기억 없는 사회고요. 왜 하나의 활동이 노동으로서 단순하게 축하받기보다는 어떤 목적이라는 견지에서 정당화되어야만 하는지 아무도 이해하지 못하는 곳이지요. 그곳에는 상당수의 무용한 관료가 있어요. 그곳에서 신체적 욕구와 지적 욕구는 거부되리라고 예상되지요. 어린 예수는 그런 사회로 가야만 해요. 그런 사회를 대체하기 위해 그리고 기적과도 같은 자신의 존재를 이해할 수 없는 합리적 교육 원리들에서 달아나기 위해서요. 시몬이 직관적으로 알아본 '어미'는 어떤 낡은 질서의 희미한 외관을 지닌 듯 보이는 어느 레시덴시아 Residencia 출신이에요. 이는 아마도 부모가 결혼하기 전 모친이 보낸 삶에 대한 쿳시의 기억을 반영하는 것일 테지요. 『소년 시절』의 인물 – 로서의 – 저자의 전갈에 따르자면 말입니다.[13]

소설에 나오는 언어들의 이름을 대기가 어려워요. 모두가 에스파냐어를 한다고 여겨지지만 시몬과 다비드는 형편없고요. 66쪽에 이르면 우리는 이것이 정말 보통 에스파냐어라고 불리는 그 언어인지 확신할 수 없게 돼요. 67쪽에서는, 아마도 영어 텍스트를 영어가 아니라고 하기 위해서

13   Coetzee, *Boyhood*, pp. 39~40, 47~48 (『소년 시절』, 63~66, 77~79쪽).

인 듯한데, 독일어로 된 구절이 영어라고 제시되니까요. 텍스트는 묻고 있는 것 같아요. 알려지진 않았지만 번역은 되는 에피스테메에 거주하는 기분이 어떠냐고요. 무대화될 수도 있었던 것은 성서의 언어와 아프리카 언어 양자 모두에 대한 인가된 무지입니다.

과연 나는 해 오던 이야기의 반대쪽으로 냉철하게 변신해 따분하긴 해도 괜찮은 농부의 삶으로 가능한 한 최단 기간에 돌아갈 수 있을까, 아니면 약해지고 권태에 빠진 채 새로운 길에 접어들어 그간 내게 암시되어 왔던 새로운 삶, 아마도 백인 부시먼의 삶에 휩쓸리게 될까?(D: 99〔167〕)

이것이 그보다 앞선 『어둠의 땅』이 던진 질문이에요. 『예수의 어린 시절』의 어떤 지점에서는 언어들이 다음과 같이 열거됩니다. "포르투갈어… 카탈루냐어… 갈리시아어… 바스크어… 에스페란토어… 볼라퀴크어"(CJ: 121). 우리는 기원어에 대한 실마리가 전혀 없는 하나의 번역된 세계에 있는 것이지요. 이것이 이 허구의 형이상학적 지위예요. 이 허구는 입증될 수 있는 진실에서 파생되는 것이 아니지요.

합리성에 입각하던 시몬이 다비드의 어미를 알아보는 바로 그 순간부터 소년에 대한 믿음으로 미묘하게 변해요. 그렇지만 소년의 교육 문제에서는 여전히 이성 안에 머물지요. 그는 어미인 이네스가 다비드를 '소공자'로 바꾸면서 망치는 꼴을 좋아하지 않아요. 소년이 앞으로 나아가려면 반드시 받아들여야 할 자연, 인간 본성, 세계에 대해 그는 줄곧 설명합니다. 하지만 소년이 글쓰기 공부를 통한 읽기에 저항하고 추상적인 숫자 관념에 저항할 때, 그 소년의 눈을 여러 차례 바라보는 시몬에게는 짧은 공현이 일어나요. 이로 말미암아 시몬은 흔들리기 시작하고, 결국 어떤 에피스테몰로지로의 상상적인 접근을 받아들이지요. 이 에피스테몰로지는 부재하는 화자 주체의 꿈속의 카루를 '남아프리카'라는 이름의 국민이 아닌 다른 곳에서 견지할 수 있어요. 저 국민은 그런 노력들을 일축할 수 있을 뿐이니까요.[14] 그는 마법이 일상 생활과 공존한다는 걸 이해하게 돼요. 하지만 마침내 그가 믿는 방법을 배우게 되는 건 테크놀로지를 들여오자는 그의 앞선 제안을 노동하는 형제들이 수용할 때예요. 들여온 크레인이 흔들리다가 곡물을 가득 실은 채로 그의 가슴을 강타합니다. 그는 사경을 헤매며 병원에 있어요. 그는 앞서 인용한 저 변모 환영을 이러한 상태로 보게 돼요. 그는 왜 소년이 문자 공부를 통해 읽는 것을 원치 않았는지를 그리고 소년이 어떻게 숫자를 이해하는지를 한눈에 깨닫지요.

내가 아무 일도 하지 못하고 병원에 있을 때, 일종의 정신 훈련으로, 세계를 다비드의 눈으로 보려고 노력했다. 그의 앞에 사과를 놓으면 그는 무엇을 보는가? 사과 하나: 한 개의 사과가 아니라, 그냥 사과 하나. [⋯] 사과들이라는 복수형을 갖는 단수형은 무엇인가? 이스트 블록으로 향하

14   은자불로 은데벨레가 'J. M.'에게 보이는 동지애와
아비올라 이렐레의 세심한 독해가 이 전반적인 침울 속에서
빛난다(저자와의 개인 서신).

는 차에 세 사람이 타고 있다. 사람들이라는 복수형을 갖는 단수형은 누구인가?—〔…〕 우리는 셋인가, 아니면 하나와 하나와 하나인가? 〔…〕 도대체 내가 어떻게 영에서 하나를 얻게 되는 걸까? 아무것도 아닌 곳에서 어떤 곳으로: 매 순간 하나의 기적이 요구되는 것만 같다. 〔…〕 이 소년이 우리 중에서 보는 눈을 가진 유일한 이라면 어찌 되는가? (CJ: 248~250)

현실 세계에서 멜라니 클라인은 아이들에게 은유와 추상이 현실이라는 생각으로 작업했고, 그리하여 자신의 어린 환자들을 저 현실 세계로 인도했지요. "숫자가 더 현실적인 이가 과연 지상에 있단 말인가?"(CJ: 248)는 쿳시의 상상 속 세계의 질문이지요. 믿음의 안내를 받아 이 질문은 "그의 감각으로의" 그저 합리적인 "다가감"에서 빠져나옵니다(CJ: 249).

소년이 기적적으로 글을 쓰는 순간, 무엇인가가 디오스 Dios(에스파냐어) 대신에 데오스Deos(희랍어)라고 쓰게 만들며, 내가 진실을 말하는 게 필요해Conviene que yo digo la verdad 대신에 내가 진실이야Yo soy la verdad라고 쓰게 만들어요(CJ: 218, 225). 앞서 시몬은 이런 종류의 두렵게 낯선 uncanny 행동에 성체 공존설을 통해 접근했지요. 식인 풍습과 연계된 철학적인 믿음이 그것과 유사하다고 여겼고요 (CJ: 171). 그는 초자연적인 것 안에서 '자연적인 것'을 포착하려 노력했고, 성체 성사보다는 차라리 살과 피의 현재성을 포착하려 노력했습니다. 하지만 이제, 모든 차이가 사라져요.

이건 양자 택일이 아니에요. 문학은 증거가 아니지요. 아이-예수라고 하는 마법적인 것이 현실적인 것으로 상상될 수 있는 그런 에피스테메에 접근하려는 시도가 문학이에요. 아이 같음이 유치함으로 여겨지지 않는 어떤 중심축을 찬미하려는 시도고요. 남겨 두고 온 카루에 누울 권리를 획득하려는 시도랄까요. 물론 시몬이 그것을 결론으로 이끌 수는 없지요. 책은 이런 문장으로 끝나요. "어디 머물 곳을 찾아봐. 우리의 새 삶을 시작할 곳을"(CJ: 277). 전적으로는 아니라 해도 거의 시작 문장이지요. 하나의 되풀이요 치환이지만 그렇다고 반복은 아니에요. 〔『예수의 어린 시절』등장 인물인〕 에우헤니오라면 "악무한"이라 불렀을(CJ: 250) 미장 아빔으로 통하는 시작이지요. "세상 끝까지 널 따라갈 거야"라는 터져 나오려는 말을 삼킨 그가 과연 이 말을 이네스에게 하게 되는지 우리는 알 수 없어요(CJ: 263). 원시 사회주의적인 관료주의 가부장제를 시몬 베드로의 형제애가 식민주의를 위해 '문명화'할 역사적 미래에 저항하는 것으로서의 허구인 겁니다.[15]

바르트의 충격적인 에세이 「구조적 서사 분석 입문」을 볼까요. 1966년에 출간된 이 에세이는 우리가 배웠던 방식에서 멀리 떨어진 곳으로 우리를 데려갔어요. 이 에세이

15   현재보다는, 차라리 초자연적인 것과 참된 종교 사이의 이항 대립: "그녀가 **초자연적인** 것과 태곳적부터 맺어 온 접촉을 잃게 되었을 때, 그녀가 의지할 최고 신을 갖지 못하는 한, 〔아프리카인인—스피박〕 그가 아프리카의 구현인 것이다"(Jean K. Mackenzie ed., *Friends of Africa*, Cambridge, MA: United Study of Foreign Missions, 1928, p.224; 두 보이스의 개인 소장 도서. 연필로 표시된 부분인데 두 보이스가 남긴 것인 듯하다.

는 구조주의적 분석에 관한 것이 아니에요. 바르트는 하나의 텍스트에서 제대로 작동하는 다양한 기능의 상세 목록을 제공해요. 하지만 정작 에세이 끝에서는 그 전부를 해지해 버려요. 서사 기능이란 반복을 계속하지 않아야 한다는 인간적 책무일 따름이라고 해석함으로써 말이지요.[16] 반복 자동성(라캉)은 깨져야만 하기에 인간 존재란 죽음의 바다—타나토스(프로이트)—안에 있는 하나의 '비정상적인' 깜박 신호blip라는 것이지요.

문학을 이론들의 증거로 무매개적으로 제시하기 위해 이론을 읽기보다는 이론을 그것 자체로 읽으면서 우리는 또한 저명한 저자 쿳시를 향해 이동해 가기 시작합니다. 이러한 이론들을 역으로 읽어 왔던 쿳시에게로요. 독자인 우리가 풀어야 할 수수께끼는 이처럼 텍스트의 자명한 욕망으로서 정교하게 설정된 이론적 간지에서 탈출하는 것은 무엇인가예요. 『추락』이 과잉 서술된 것임이 틀림없기 때문에 노벨상 위원회의 판단이 '잘못'되었다고들 하지요. 우리는 저 스토리가 어떤 식으로든 파국에 이르렀음을 알지만 안다고 한들 뭘 하겠어요? 우리는 그 시점을 알지요. 『어둠의 땅』의 1974년과 『추락』의 1999년 사이에 그 텍스트의 과거가 있어요. 그래서 제가 쿳시의 연대기를 저자라고 생각하는 겁니다. 제가 문자 그대로의 뜻으로 읽도록 배운 것이 다행이에요. 저자가 더 커질수록 그의 술책은 점점 더 단순해져요. 메타 서사 등등에 대한 입증은 표피적이지

16 Roland Barthes, "Introduction to the Structural Analysis of Narratives" in *Image Music Text*, Stephen Heath trans., London: Fontana, 1977, pp.79~124, 이 대목은 p.124.

요. 여기가 창작 워크숍은 아니잖아요. 쿳시가 이론을 가지고 하는 것은 재즈에서 '킨키한 연주'라 부르는 그런 것이에요. 조이 위콤의 초기작이 그렇지요. 요컨대 이론들을 입증하기보다는 엇박을 타며 이론들을 작동시키는 겁니다. 저는 이런 암시를 문자 그대로의 뜻으로 하고 있어요. 그가 일찍이 남아프리카에 있을 때는 독립 이후의 백인에 대해 썼어요. 남아프리카를 떠난 뒤 쿳시는 『슬로우 맨』(2005)을 필두로 이주자들에 대해 쓰기 시작하지요. 『서머타임』에서는 그 둘이 합쳐집니다. 누구는 캐나다에 있고, 누구는 미국으로 가고 있고, 누구는 영국에 있으며, 누구는 파리에 있고, 남아프리카에 있는 이의 스토리는 아직 종료되지 않고요. 다른 이들의 스토리는 다 종료되는데 말이에요. 잉글랜드에 있는 백인은 연대기적으로 일부러 잘못 배치돼요. 우리는 이 잘못 배치됨을 점검하라는 초대를 받지요. 독자는 그걸로 뭔가를 해 보라는 요구를 받아요. 왜냐하면 먼저 일어난 일이 무엇인지를 판단하라는 요구를 받으니까요. 이 사람은 텍스트상으로는 '뒤에' 나오거든요. 인물-로서의-저자는 수정 욕망을 대변하지요. 이 욕망은 마르곳의 번민과 대조를 이루는 것으로 배치되고요. 우리는 텍스트화된 상이한 두 개의 욕망을 봅니다.

그렇게 우리는 하나의 '확정할 수 있는'locatable 인물과 하나의 '허구적인' 인물을 가져요. 쿳시가 이런 조합을 지어 냈지요. 이 텍스트에서는 저자가 누구든 그 저자는 독자로서의 여러분에게 속해요. 여러분이 모든 텍스트에서 저자에게 속하듯이요. 인격이라는 이 간지 밑에 있는 텍스트 안에서 견지되는 욕망은 무엇일까요? 이것이 우리가 시작할 질문이에요. 우리가 이처럼 자명하게 이론적인 텍스트를 읽을 때 우리 머리 안으로 밀려 들어오는 이론은 능동적 망각이라는 (불)가능한 임무로의 초대입니다. 우리가 '실제 저자' 본인이 영문학 교사이자 빼어난 이론가임을 아는 것은 도움이 돼요. 다른 텍스트로 갔다가 다시 이 대목으로 돌아오겠습니다.

예전에 저는 쿳시의 『포』에 관한 글을 하나 썼어요. 이에 대한 그의 논평은, 제 기억이 맞는다면, 제가 자신의 최악의 공포들을 말했노라는 것이었어요. 그러한 사적인 의사 소통은 지금 하고 있는 이런 읽기와 같은 하나의 읽기 안에 자리 잡을 수 있지요. 그러한 의사 소통은 저 공포들을 어떻게 읽(지 않)을 것인지를 저자가 우리에게 가르치는 방식의 일부니까요. 쿳시는 대단히 엄밀한 사람이지요. 여러분이 그의 논평을 한 편의 비평으로 간주해도 무방합니다. 『포』는 식민주의에 관한 소설이에요. 그 이후에, 그 사이라고 해야 할까요, 포스트식민성에 관한 텍스트들이 있지요. 『서머타임』은 이주자에 관한 소설이고요. 이 텍스트에서 획정되는 유일한 사람이 마르곳이에요. 자전적인 인물이 그녀에 관해 '저는 자유 간접 화법으로 쓰고 있어요'라는 식으로 말하게 되지요. 따라서 그녀가 말하는 것과 텍스트에 담긴 것 사이에 구별이 있을 수 있어요. 메타 서사와 이어성heteroglossia의 이런 재현은 어떤 기능을 할까요? 그것들은 어떤 특정 구역〔장章〕의 거주자에게 일정한 유형의 목소리를 부여하지요. 그러니 이 책은 문학이 언제나 하는 그걸 하는 겁니다. 다만 덜 거슬리는 방식으로 하지요. 하나의 사적인 가치 체계를 세운달까요. 그녀는 획정되는 유일한 사람이에요. 따라서 텍스트에서 현실적으로 열려 있는 유일한 부분이지요. 쿳시의 관심사는 산초 판사에 대한 루카치의 묘사와 무언가를 공유해요. 루카치는 『돈키호테』 말미에 산초 판사가 소설에서 벗어난다고 보지요. 리스의 『광막한 사르가소 바다』(1966)에서는 크리스토핀이 소설을 벗어나요. 이런 것들이 소설에서 중요한 계기예요. 〔마르곳의 남편인〕 루커스가 질색하는 인물로 남아프리카에 관해 논평해 대는 독일인〔카롤의 남편인 클라우스〕에 대한 스토리의 틀을 이루는 것이 이런 논의들이지요. 쿳시는 마르곳으로 하여금 빈센트에게 무언가를 말하도록 해요. 빈센트는 그걸 자유 간접 화법으로 적고요. 그래서 텍스트적으로 강조되는데 여기서 마르곳은 〔빈센트와〕 모순되지 않아요. 〔빈센트가 적은 건〕 그녀가 그 독일인의 눈에 침을 뱉고 싶지만 참는다는 것이지요.

우리는 이런 것을 소설 자체를 통해 텍스트적으로 읽으라고 배워요. 문학이 항상 구축되는 방식대로 절반이 비었다고 읽거나 아니면 절반이 찼다고 읽으라는 게지요. 어떤 책도, 어떤 소설도 어떤 것을 '알게' 해 줄 수는 없다는 점을 감안한다면 그래도 이 책은 저러한 특성을 다듬고 소설적이고 수사학적인 윤색을 거쳐 그녀의 자리를 획정함으로써 저 한 인물에게 목소리를 부여하려 노력하는 쪽입니다. 『추락』 이후에 다른 모든 것은 저명한 저자 본인을 포함해 이주에 관한 것이지요. 이는 소설이 문자 그대로 무엇'에 관한' 것인지와 관련됩니다. '포스트모던 이론들'의 증거가 아니라, 문학의 문학성 및 재현을 살필 가능성과의 유용한 협상이 곧 소설이라는 게지요. 적어도 이런 것이 텍스트의 욕망이에요. 비록 필연적으로 충족되지 못하는 욕망일지라도 말이지요.

저는 이것을 19세기 차티즘 소설인 엘리자베스 개스켈의 『남과 북』(1855)과 비교하고 싶어요. 차티즘은 인민의 권리를 명분으로 파업 가능성을 연 중요한 운동이었지요. 엥겔스는 차티즘을 연구했어요. 마르크스는 국제 노동자 협회를 설립하면서 차티스트들과 협력했고요. 로자 룩셈부르크도 차티즘을 연구했지요. 칼라일은 차티즘에 관한 글을 썼어요. 18세기 영국에서 이들 영국 노동자가 하나의 차터〔헌장〕를 썼듯이 남아프리카 여성들도 하나의 차터를 썼습니다. 대부분의 자유주의자는 1905년 러시아 총파업이 실패였다고 말하지요. 마찬가지로 차티즘도 실패였노라 말하고요. 하지만 그것들은 실패가 아니에요. 그것들이 의당 전미래의 논리를 따라 사태를 변화시켰던 점을 고려한다면 말이지요.

레이먼드 윌리엄스는 여성 주인공이 결말에 이르러 남성과 결혼한다는 이유로 그 소설을 좋아하지 않아요.[17] 개스켈이 특정한 방식으로 '결혼'을 각색해 보려 한다는 점을 그는 인지하지 못하지요. 『남과 북』은 중심에 젠더화가 있는 소설이에요. 『서머타임』도 그렇지요. 여기서는 메타 서사들에 관해 논할 것도 없어요. 그 젠더화는 '남성들'의 불안에 관한 것이에요. 자전적인 소설을 쓰면서 타자에 접근하려 시도하고 있는 남성의 불안이 있고요(쿳시는 『철의

17 Raymond Williams, "The Industrial Novels" in *Culture and Society, 1780~1950*, London: Penguin, 1961(1958), pp. 87~109, 이 대목은 pp. 102~103.

시대』이래 줄곧 많은 여성 화자를 사용해 왔어요). 여성들의 소설에 관해 쓰면서 진단을 내리는 남성의 불안이 있지요. 쿳시와 윌리엄스로 말하자면 모든 상이한 유형의 여성 인물과 저자에게 진입하려 시도하는 이성애 남자들이에요. 그러니 쿳시가 그녀들이 어떻게 자신을 성적으로 별 볼일 없는 사람으로 묘사하는지를 상상하는 것은 메타 서사들에 해당하지도 않아요(『야만인을 기다리며』의 한 대목을 참조할 수 있겠지요).[18] 이것은 자전적인 토픽입니다. '진실한' 즉 '정확한' 언표이자 동시에 깊숙한 곳에서 불안해하는 언표인 것이지요. 이런 유형의 사안들은 결코 맞는다거나 잘못이라 할 것이 아니지요. 한결같이 힘virtue이 있는 척하는 것과 힘의 차이는 과연 무엇일까요?

『남과 북』은 좋은 정치 소설답게 독자의 상상력을 훈련시킵니다. 실제로 우리는 이러한 논변을 다른 유형의 텍스트들에도 확장할 수 있어요. '문학적인 것'을 어떻게 읽을지를 우리가 배운다면요. 헤겔을 어떻게 읽을지를 우리에게 가르쳐 주는 헤겔에 관해 우리에게 가르쳐 주는 파농을 우리가 살펴본 것이 바로 그런 걸 배우는 것이지요. 우리는 일반 이론을 논하고 있는 것이 아니에요. 우리가 논하고 있는 건 텍스트들을 가르쳐 주는 것으로서의 텍스트예요. 모든 텍스트가 아니라 바로 이 텍스트를 어떻게 읽을지를 독자에게 가르쳐 주는 텍스트 말입니다.

개스켈의 소설에는 하나의 기호가 보여요. 한 남성을 껴

---

18 Coetzee, *Waiting for the Barbarians*, New York: Penguin, 1980〔『야만인을 기다리며』, 왕은철 옮김, 문학동네, 2019〕.

안는 한 여성이라는 기호가요. 그것도 리미널liminal 공간에서요. 젠더만이 아니라 계급도 리미널한 곳이에요. 그 공간은 공장과 공장 소유주 저택 사이의 경계threshold입니다. 영국의 계급 구조 전반이 봉건제에서 자본주의로 이행하는 시간이 여기 있다면, 사실 쿳시의 소설에는 식민지에서 포스트-식민지로의, 아파르트헤이트에서 새 국민으로의 시간-이행이 있어요. 신사답게 성장해 한 명의 말릭malik(한 명의 자본가)이 된 어느 노동 계급 남성의 교육에 관한 것이 개스켈의 책이라면, 쿳시의 텍스트는 실효적인 포스트식민성으로 교육되는 방식에 관한 것이지요. 개스켈에게는 계급 구조 전반이 점점 더 유동적인 것이 되어 가요. 예컨대 자본이 들어오자 귀족은 더 이상 동일한 것일 수 없게 되지요. 쿳시에게는 시민권 문제가 있고요, 관련해 이주 문제도 있어요. 타고르의 『고르 바이르』Ghore Baire — **내부**(집)와 **외부**를 원용하자면, 리미널 공간은 고르ghor도 아니고 바히르bahir도 아니에요.[19] 그것은 외부에서는 파업이 벌어지고 내부는 자본가의 집인 공간이지요. 그 경계 위에 두 주인공 남녀가 있어요. 파업 참가자들이 남성을 때리려는 것을 본 순간 그녀가 남성을 껴안으며 이마에 돌을 맞아요.[20] 그녀는 여성보다는 차라리 인간으로 행동하지요. 이는 어떤 문자, 그것도 표의 문자적인 의미에서의 인

19 Rabindranath Tagore, *The Home and the World*, Sreejata Guha trans., Swagata Ganguli introd., New Delhi: Penguin, 2005.
20 Elizabeth Gaskell, *North and South*, Alan Shelston ed., New York: W. W. Norton, 2005, p.163〔『남과 북』, 이미경 옮김, 문학과지성사, 2013, 282~283쪽〕.

물이에요. 인간 존재의 모체적인 구성인 남-녀라는 기호 sign가 상이하게 의미-화sign-ified됩니다. 모든 인류의 토대라 할 이 인물을 우리는 어떻게 이해해야 할까요? 재생산의 타자 규범성reproductive heteronormativity의 기표인데도, 결혼할 것도 아니면서 라자하란lajjaharan(수치를 떨치고) 남성을 기꺼이 껴안는 여성인 이 인물을요. 이것이 윌리엄스는 배울 수 없는 가르침이에요. 결혼의 고전적 의미는 여기서 잘못일 테지요. 여성을 남성과 결혼시킨다고 해서 개스켈이 단일 쟁점 페미니스트처럼 행동하는 건 아니에요. 책 전반에 걸쳐 그녀는 새로운 기호에 대한 모두의 오해를 극화합니다. 그 남성과 그의 모친 및 물론 자기 회의적인 주인공까지도 모두 오해하거든요.

결말에 이르러 손튼 씨는 주인공의 회의하는 목사 부친의 훈육을 통해 신사gentleman가 되는 걸 배우기보다는 오히려 한 명의 '사회주의자 소유주'가 되는 걸 배워요. 이는 자본이 자본주의만을 위해서보다는 도리어 사회적인 것의 사용을 위해 돌아간다는 관념이에요. 지속 가능성의 초기 통념이지요. 우리가 이것에 동의하는지 여부는 여기서 문제가 아니에요(기업의 사회적 책임을 지지하는 이라면 누구든 이 대목에서 하나의 모델 이상인 것—사회 민주주의에 관한 하나의 리프riff를 인정해야 마땅할 겁니다). 저 초기의 차티즘이 가진 관념이 이런 것이었어요. 이건 엥겔스의 견해예요. 이것은 자본의 등장이 자본주의적 방식보다는 사회주의적 방식으로 사용되어야 하며 프롤레타리아트의 필요에 따라 지휘되어야 한다는 관념이지요. 이것이 손튼이 마거릿 헤일을 통해 배우는 가르침인데, 그녀는 파업 참가자들과 아주 친하지요. 개스켈은 다른 파업 참가자들이 폭력에 빠졌다는 사실을 깨닫고 파업 지도자가 통렬한 비탄에 빠지도록 만들어요. 총파업의 이상 중에서 부르주아 이데올로그들에게 큰 호감을 샀던 것은 첫째가 총파업의 행위자는 프롤레타리아트라는 것이요 둘째가 총파업의 성공은 비민주적인 정권 교체와 달리 폭력적이지 않다는 것이거든요. 폭력이 다른 쪽에서 오긴 하지만, 부르주아 이데올로그들이 틀린 것이지요(간디는 수동적 저항이 겁쟁이의 방식은 아니라고 후일 말하게 될 겁니다).

사용되고 있는 자본은 여성에게서 와요. 마거릿은 케임브리지 학장인 벨 씨의 영지 재산을 물려받아요. 벨 씨는 신사예요(우리는 신사와 자본가의 구별을 기억해야 하는데, 바로 이 구별을 비벡 치버는 최근의 책에서 무시하는 듯합니다).[21] 저는 지금 이 작품을 매우 구조화된 소설로 만들고 있는데 사실 그렇지는 않아요. 1850년대에 연재물로 쓰인 출중한 장편 소설이지요. 그녀는 장차 법률가가 될 남자 친구에게 아니라고 말해요. 현재 그는 은행가로 그녀의 돈에 관해 조언하고 있지요. 그녀는 돈을 직접 운용해요. 손튼이 자기 사업 경영을 위해 계획한 '사회주의적' 프로젝트에 모든 은행이 대출을 거부할 때 그녀가 대출을 해 주지요. 그것이 스토리의 실제 결말입니다. 영국의 19세기 중반은 이랬어요. 이 소설은 20세기 경영 노동에서 무슨 일이

21 Vivek Chibber, *Postcolonial Theory and the Specter of Capital*, New York: Verso, 2013. "Penny for the Old Guy", *Cambridge Review of International Affairs* 27(1), 2014, pp. 184~198에서 나는 이 점을 훨씬 길게 논했다.

일어나는지에 관해 말하는 것이 아니랍니다. 이 책을 그런 식으로 읽어서는 안 돼요. 이건 목사의 아내가 쓰고 있는 소설입니다. 찰스 디킨스는 그 여성을 대면해서는 칭찬하면서도 정작 자기 편집자와 주고받은 편지에서는 업신여기지요.[22]

책의 결말에서 손튼과 마거릿은 다시 껴안아요.[23] 물론 이건 사적으로 껴안은 것이지요. 하지만 우리는 이제 재생산의 타자 규범성의 중심 인물을 다르게 읽는 훈련이 되어 있어요. 이마에 돌을 맞는 것이 사회주의적 공장 운영의 대출자가 되는 것으로 치환되었지요. 그들은 계급을 희롱하는 거예요. 그러니 이들이 결혼한다는 사실을 가족들이 얼마나 심하게 멸시하겠어요. 이 소설은 『제인 에어』처럼 온통 젠더에 관한 것도 아니고 『어려운 시절』(1854)처럼 온통 계급에 관한 것도 아닙니다.

쿳시의 소설로 돌아가면 꽉 껴안는 장면이 두 번 있어요. 바로 줄리아와 마르곳이지요. 『남과 북』에서의 의미 작용의 변경을 유념합시다. 『서머타임』에서는 쿳시가 줄리아를 껴안는 장면이 먼저 나오지요. 그녀가 가정법으로 물어요. "내가 만약 독신이었다면 나랑 결혼했을까요?"(S: 64〔101〕) 그러자 그는 그녀를 믿을 수 없을 정도로 꽉 포옹해요. 작가인 쿳시는 어떤 것을 그것이 진실이기 때문이든 아

---

22 『남과 북』의 주제에 관해 찰스 디킨스가 자신의 주간지 『하우스홀드 워즈』Household Words의 부편집자 W. H. 윌리스와 나눈 서신 교환에 관해서는 Gaskell, *North and South*, p.412를 보라.

23 Ibid., p.395〔『남과 북』, 696쪽〕.

니면 진실이 아니기 때문이든 여하튼 재현represent하고 있어요. 하지만 그렇다고 재현의 포스트모던 형식에 의존하지는 않아요. 그가 그것을 현시present한다는 점, 바로 이 점이 가장 중요합니다. 이런 현시는 모든 담론에 의존하지요. 그렇기 때문에 증거를 찾아 교차 조사를 하게 되는 것이고요. 이것이 증거는 아니지요. 그는 진실이거나 아니면 허위인 어떤 것을 현시하고 있는데, 여하간 그가 그것을 현시하고 있다는 점이 가장 중요해요. 이 인물은 결혼에 어울리지 않는다고 보편적으로 간주되지요. 단 하나의 여성이 아니라 여타 상이한 유형의 여성을 상상하려는 자신의 시도를 통해 쿳시가 쿳시 자신을 정형화하는 묘사에 따른다면 말입니다. 우리는 알 수 없어요. 왜냐하면 텍스트에서 우리는 또한 노벨상을 탄 남성에 관해 생각해야 하니까요. 그리하여, 믿을 수 없을 정도로 꽉, 그 남성이 껴안아요. 그녀가 "내가 만약 독신이었다면 나랑 결혼했을까요?"라고 묻는 바로 그때 말입니다.

저렇게 껴안는 것의 다른 측면은 마르곳 장의 여성에게서 와요. 그녀는 그를 아주, 아주 꽉 껴안지요. 그러고는 저 편지를 써요. 거의 부치지 않는 편지예요. 거의 부치지 않는다고 했지만 수사학적으로는 사실상 그것을 부치지 않은 것이지요. 부친 편지에는 '무성의한' 서명이 들어갔거든요. 그렇다는 걸 텍스트에서 조심스럽게 적시하지요. 서명이란 편지를 보증하는 것이에요. 이 편지의 서명 부분은 이 편지의 성의와 발신인의 열정적인 기분을 보증하지 않아요. 왜 쿳시는 그런 간극을 집어넣는 걸까요? 아마도 저 이례적인 편지의 작성과 그것의 발송 사이에 있는 단절을 나타내기 위해서일 테지요.

저녁이 되면 그녀는 너무 녹초가 되어 쓰던 편지를 마저 쓸 수가 없을 정도라서 아무튼 감정을 이어 가지 못했다. 너를 생각하며, 라고 그녀는 편지 하단에 적는다. 그것조차 진실이 아니니, 그녀는 온종일 존을 조금도 생각하지 못했고, 그럴 시간이 아예 없었다. 많이 사랑해, 라고 그녀가 적는다. 마기. 그녀는 주소를 쓰고 봉한다. 그렇게. 다 되었다. (S: 138〔215〕)

근거 있는 그럴듯함과 가치를 의사 소통에 부여하는 서명 부분이 여기서는 신뢰할 만한 것으로 재현되지 않아요. 저는 한 남자와 한 여자가 껴안는다는 반복되는 젠더화된 기호를 둘러싸고 책에서 이루어지는 수사학적 처리를 논하고 있는데요. 교미 장면과 성교 장면 들이 있지만, 이것들이 저것들은 아니지요. 색욕 또는 육체적 정념과의 그 어떤 연계도 씻어 낸 껴안는 장면과 하나의 사회 계약―결혼―사이에는 만들어진 차이가 있으니까요. 우리는 좋은 연애에 관한 장면과 나쁜 연애에 관한 장면을 봤어요. 이것이 저것은 아니지요. 그럼, 이것은 무엇일까요? 우리는 그 질문을 궁리해 봐야 합니다.

"『추락』이후에는 흥미를 잃었어요"(S: 242〔378〕)라고 소피는 말하지요. 이건 '그거 흥미로운걸'이라고 말하는 하나의 방식입니다. 그것이 파리에 있는 동료예요. 가장 덜 그리고 가장 많이 연계된 누군가지요. 저는 아프리카 민족 회의가 『추락』 읽기를 견제하는 걸 개탄하면서 그것을 옹호

하는 글 한 편을 쓴 적이 있어요. 다른 아프리카 작가들이 이 텍스트에 느낀 불쾌함을 제게 표해 왔지요. 쿳시는 전도에 의한 정당화, 즉 일관된 정치적 올바름을 갖춘 좋은 백인이 되는 것에 흥미가 없어요. 나딘 고디머와 다르죠.『추락』에서 그는 실제 쿳시를 닮은 신뢰할 수 없는 중심 인물을 구축합니다. 그렇게 함으로써 독자가 초점을 역으로 잡도록counter-focalization 이끌고자 했던 것이지요. 위험한 행동이었고, 불발되었어요. 저 텍스트에서 새로운 백인 시민은 레즈비언인 딸이에요.『리어 왕』과『소송』사이에 있는 상호 텍스트적인 이 인물은 강간으로 밴 아이의 출산에 동의해요. 재생산이란 무엇보다도 일반화된 강간이라는 것이지요. 말하자면 메리 오라온처럼요. "어쩌면 그것이 제가 받아들이길 배워야만 하는 그런 걸 거예요. 바닥에서 출발하는 거요. 아무것도 없어요. 뭔가 하나라도 남아 있는 것 없어요. 아무것도 없어요"라고 말하는 루시에게는[24] 역시 부-녀의 사안인『리어 왕』의 반향이 울려요. 차이가 있지만 말입니다.

그런 연후에 그는 떠났어요. 그러고는 이주 현상을 들여다보기 시작했지요.『슬로우 맨』이 그가 출국 이후 쓴 첫 책이에요. 소피는 그 후에 읽지 않는다는 걸 기억하세요. 그래도 독자는 읽으라고 요구받지요. 줄리아 전에 마르곳이 있음을 기억하세요. 우리는 그것을 어떻게 아나요? 마틴을 통해서는 아니에요. 거기에는 또한 날짜가 고리처럼

24 Coetzee, *Disgrace*, New York: Penguin, 1999, p. 205〔『추락』, 왕은철 옮김, 동아일보사, 2004, 309쪽〕.

맞물린 자아 규범성이 있어요. 쿳시가 미국에서 영주권을 거부당한 날짜가 있어요. 쿳시가 돌아오고 마르곳의 스토리가 시작된 것은 1971년이지요. 줄리아의 스토리는 『어둠의 땅』이 나온 1974년이고요. 왜 이런 식으로 배열될까요? 수사학의 작용에서 기인하는 한 가지 이유를 상상해 보자면 이렇습니다. 줄리아를 껴안는 것이 마르곳을 껴안는 것보다 시퀀스상으로는 뒤라 하더라도 텍스트상으로는 앞에 배치될 수 있어야 한다는 것. 게다가 문자 그대로 읽는 영민한 독자가 그것을 알아차릴 수 있는 방식으로 배열되어야만 한다는 것. 독자는 알아차릴 겁니다. 『어둠의 땅』은 1974년에 나왔고 그가 미국을 떠난 시기는 1971년이라는 것이 쿳시의 전기적 사실로는 맞으니까요. 젠더화된 남성이라는 구도에서 한쪽이 다른 쪽에 의해 평가되는 방식을 견지하는 능력에 텍스트의 장르가 있어요. 다른 쪽이라 함은 다양한 유형의 여성 주인공이지요. 이것이 텍스트의 장르를 논하는 한 가지고요. 다른 하나는 인종 의제예요. 『추락』에서는 인종 의제가 강도 높은 레즈비언 젠더성에 비해 보잘것없어 보여요. 여기에는 그런 조급한 결론이 없어요.

제안하고 싶네요. 『서머타임』이 『추락』의 다시 쓰기라고요(게다가 마르곳 장이 미완이니 앞으로 더 그렇게 될 거라고요). 상이한 인물을 만들어 내는 것이지요. 남아프리카도 자기 나라라고 주장하고 싶어 하는 남아프리카 거주인이 그런 인물입니다. 강간으로 밴 아이를 받아들이겠다고 주장하며 아무것도 없이 시작해야 한다고 말하는, 믿을 수 없도록 난해한 영웅적인 루시는—우리는 그녀와 같을 수 없고요—그렇지 않지요. 신뢰할 수 없는 화자인 데이비드 루리도 확실히 그렇지 않아요. 여기서 저자-기능은 밀려나긴 하지만『추락』에서처럼 버려지지는 않아요. 신뢰할 수 없는 화자라는 오래된 테크닉이 선호되지요. 서툰 독자가 알아차릴 수는 없지만요. 여기서 저자-기능은 현존하고, 모든 인물이 그 사람다워요.

『추락』과도『어둠의 땅』과도 상이한 이 소설에서 과연 그는 무엇을 하나요? 껴안는 일(들)이 일어났어요. 우리는 수사학과 더불어 움직이고 있어요. 아주 고지식하게 문자 그대로 읽는 법을 아는 우리가요. '그녀'와 '나' 등등이 있는 게 보이네요. 그래서 우리는 저자-전기 작가로 나오는 인물인 빈센트와 마르곳 사이에 생긴 거리에 주목합니다. 빈센트는 마르곳의 말이라며 쓰고 있지만 그녀는 "당신은 너무 멀리 가고 있어요. 나는 결단코 그렇게 말하지 않았어요. 당신은 내가 한 말이라며 쓰고 있군요"(S: 119〔186〕)라고 말해요. 그녀의 모친이 입원해요. 그런데 그에 앞서 쿳시라는 인물이 공개적인 방식으로 그녀에게 말하지요(S: 133〔208〕). 독자로서 우리는 텍스트에 자명한 허위가 가득하다는 점에 주목하고 있어요. 그 자신의 아내와 아이들에 관해서는 아무것도 없어요. 그 자신의 모친에 관해서도 아무것도 없고요. "나는 그가 나중에 큰 명성을 얻었다는 걸 알아요. 하지만 정말 그가 위대한 작가였나요?"(S: 195〔306〕)라고 말하는 아드리아나의 판단은 부정확하지요. 부정확한 이유는 그녀가 키츠에 관해 들어 본 적도 없기 때문이에요.

쿳시가 쓰고 있는 대화예요. 그가 말하고 있어요. "나는 내가 선택할 때 홀로 있을 수 있기를 원해"(S: 133〔208〕). 그리고 어떤 면에서는 진정으로 그를 이해하는 그녀가 있어요. "그들이 산책하는 동안 그가 말했다. 네가 사랑하는 것을 끊고 자유로워지는 게 최선이야—자유로워지는 것과 치유되기를 바라는 것. 그녀는 그를 정확하게 이해한다. 이것이 바로 그들이 무엇보다도 공유하는 것이다"(S: 134〔209〕). 그는 여기서 남녀에 관해 말하는 것이 아니에요. 단지 남아프리카에 대해 이야기하고 있지요. "이것이 바로 그들이 무엇보다도 공유하는 것이다." 그가 그렇다고 말하지는 못해요. 자유 간접 화법을 통해 그녀는 그렇다고 말할 수 있게 되지만요. 자유 간접 화법이 쿳시라는 인물에게 주어지는 건 텍스트에 의해서예요. 요컨대 빈센트에 의해 이 인물에게 주어지는 거예요. 저러한 것이야말로, 마법사처럼, 포스트모던 질료를, 그리고 발렌틴 볼로시노프를 사용하고 있는 문학 텍스트 안에서 목소리를 주는 하나의 수사학적 방식이지요. "이것이 바로 그들이 무엇보다도 공유하는 것이다. 이 농장, 이 콘트레이kontrei, 이 카루에 대한 사랑만이 아니라"라는 바로 이 대목에만 아프리칸스어가 들어와요. 쿳시는 보어인의 성이지요. 그들은 자신이 언제나 영어로 말해 왔다고 강조하지만, 그들은 보어인이고 텍스트에는 아프리칸스어가 있어요.

이것이 바로 그들이 무엇보다도 공유하는 것이다. 이 농장, 이 콘트레이, 이 카루에 대한 사랑만이 아니라 사랑과 함께하는 어떤 이해, 사랑이 너무 과한 것일 수 있다는 이해. 그에게 그리고 그녀에게는 자신들의 유년기 여름을 하나의 성스러운 공간에서 보내는 것이 허락되었다. 그러한 영광을 다시 얻을 수는 없다. 오래된 장소들에 매달리지 말고 빠져나와 영원히 사라져 버린 것을 애도하는 게 최선이다. (S: 134〔209〕)

백인 크레올에게는 이렇게 말할 권리가 없을 테니 이건 쿳시가 쓰는 거라고 여러분이 생각한다면 메타 서사적인 모든 것이 폐물이 되겠지요. 『추락』에서도 백인 크레올이 쓰는 것은 아니었어요. 하지만 수사학적 도구들의 선택 때문에 오류를 만들기가 더 쉬웠지요.

은자불로 은데벨레, 왕년엔 스티브 비코와 함께 일했고 케이프 타운 대학 최초로 흑인 부총장을 지낸 그는 법이 변한다고 해서 한 나라가 변하지는 않는다는 걸 느끼지요. 물론 법의 변화는 반가운 것이지만요. 이것이야말로 지적 노동을 통한 자유의 실천과 교육에 관해 제가 주장하는 바예요. 남아프리카는 여전히 하나의 플레이스홀더예요. 마찬가지로 인도도 미국의 유색인을 위한 하나의 플레이스홀더고요. 예전엔 우리가 미국 인구 조사에서 '코카서스인'('백인'이라는 뜻으로)이었지요. 린든 존슨이 1965년에 외국인 등록 할당제를 폐지했을 때 인도인은 '여타'가 되었어요. 제 친구인 케네스 프레위트가 예전에 두 번 미국 인구 조사를 해 봤어요. 일전에 그가 제게 이렇게 운을 떼더군요. "가야트리, 음, 그거 있잖아, 인도인에 관한, 미국 인구 조사에서 그들의 해당 위치 말이야." 제가 말했지요. "켄, 그만, 내가 말할게." 이런 부류의 일이 여기서 벌어지고 있어요. 많이 배우지는 못했어도 멍청하지는 않은, 조국을 성스러운 공간으로 사랑하는 백인 크레올은 이것을 말하더라도 이것을 말할 권리를 갖지는 못합니다. 그러므로 그것은 3인칭 자유 간접 화법으로 배치되지요. 텍스트에서, 두드러지게, 가능해졌던 3인칭으로요.

유라시아 인도인들에 관한 영화인 아파르나 센의 「초우링기 길 36」(1981)을 통해 질문해 볼 수 있어요. 백인 크레올은 남아프리카가 성스러운 공간이라고 느낄 권리를 가질까요? 너무 지나치게 사랑하는 걸 삼가는 것이 루커스에게는 합당한 일이 아니에요. 왜 이 사랑은 성교와 관련이 없는지를 여러분은 보게 돼요. 루커스에 대한 성욕이라는 측면에서 그녀가 인용하는 "이 몸으로 그대를 경배합니다"라는 구절은 영국 국교회 기도서에 나오지요. 이어 그녀는 자기 사촌이 마음을 다해 누군가에게 자신을 주는 걸 상상할 수 없노라 말해요. 다시, 기억해 두세요, 이건 '쿳시'에 관해 쓰고 있는 쿳시예요. 모든 여성이 저 인물에 관해 이와 같은 어떤 것을 말하지요. 언제나 얼마쯤은 남겨 놓고 유보하거든요. 점심을 마친 뒤 그들은 작별을 고합니다. 존의 차례가 오자 그녀는 "그를 꽉 포옹하고, 그의 몸이 긴장해 저항하는 걸 느낀다"(S: 134~135[210]). 이어 그녀는 부엌으로 돌아가 "하룻밤을 지내 보기 전까지는 그 사람을 알지 못하는 법이라고 사람들은 말하지"(S: 135[211])라고 적어요. 그리고 그녀는 두 사람이 결혼 등등에 관해 이야기를 나눈 적이 있다는 사실에 관해 이야기하지요.

이렇게 우리는 남아프리카를 사랑하는 이 특별한 장면을 갖습니다. 이어 140쪽에서는 이런 사랑을 느껴도 되느냐는 질문이 다시 나와요. 혹은 우리도 루시처럼 말해야 되느냐는 질문이랄까요. 루시는 말했지요. 강간으로 밴 아이를 받아들이고 무엇 하나라도 갖지 않고 아무것도 없이 시작하겠노라고 말입니다. 이것이야말로 『추락』이 여전히 거기 있는 이유예요. 그녀는 새 우체국을 좋아하지 않아요. 낡은 우체국에 대한 기억을 좋아하거든요. 다음 페이지에서 그녀는 자신의 편지에 대해 묘사해요. 소심하게 묘사하긴 하지만요. "여기서 우리가 뭘 하고 있는 거지? 그것이야말로 내내 입 밖에 내지 않은 질문이었다. 그는 그것을 알고 있었고 그녀도 그것을 알고 있었다"(S: 140〔218〕). 이것은 매우 진지한 질문이지요. 이것이 바로 쿳시의 질문입니다. 이것이 쿳시가 떠난 이유예요. 자신이 상황을 재현할 수 있는 정직한 백인 크레올이 되는 게 사실 가능하지 않다는 걸 보았거든요. 그는 매우 피상적인 방식으로 그런 견해를 피력한 독일인을 일축해 버려요. 그 독일인은 "나라는 아름답고 풍경도 아름답죠. 자원은 풍부하고요. 하지만 문제가 많고도 많아요. 그 문제들을 당신들이 과연 어떻게 해결할 나는 모르겠어요. 내 생각엔 그 문제들이 나아지기 전에 사태들이 더 나빠질 거예요"(S: 144〔223~224〕)라고 말하지요. 얼마나 많은 사람이 오가며 남아프리카에 대해 이렇게 말하는 걸 제가 들었을까요? 쿳시는 마르곳으로 하여금 이것을 말하게 하지만, 이는 빈센트에 의해 그녀에게 주어지는 3인칭으로 이루어져요. 여기서 그녀는 빈센트와 모순되지 않아요. 이러한 비-모순이 진실의 법칙이에요. 비-모순의 원천이 곧 진실이지요. 마르곳이 다른 곳에서도 그렇듯 빈센트라는 인물과 모순되지 않을 때, 우리는 진실됨의 강조 영역을, 허구의 한계들 안에서, 저 비-모순의 계기에 부여해야 합니다. 그러므로 이것은 소설 안에서 일종의 '진실한' 입지를 구축하는 책략의 방식이에요. 소여의 비-모순, 수용된 자유 간접 화법―플로베르가 인류에게 준 선물이지요. 그러므로 이것은 독일인 클라우스가 말한 것을 마르곳이 3인칭으로 말하고 빈센트가 전하는 것이지요. 그녀는 빈센트와 모순되지 않아요. "루커스는 자기 동서가 질색이다" 그리고 "그녀는 그의 눈에 침을 뱉고 싶지만 그러지 않는다". 백인 크레올이 성스러운 공간으로서의 남아프리카를 사랑할 권리에 관한 결론에 도달하는 재현 공간 안에서 우리가 읽는 세부는 이런 것들입니다.

우리는 또한 책 서두에 나오는 기도에 대해서도 말해야 해요. '유색인'인 알레타와 요하네스에게 말을 걸기 전에 마르곳은 "말"해요. "그녀는 그 둘에게 카페에서 커피 한 잔 사 주고 싶었고, 친구처럼 평범하게 그들과 앉아 있고 싶었지만, 물론 그렇게 하면 소동이 일어날 수밖에 없었다. 이 모든 아파르트헤이트의 부조리가 묻혀 버리고 망각되는 때가 어서 오게 하소서, 오 주여, 라고 그녀는 속으로 기도한다"(S: 145〔225〕). 앞서 마르곳은 자신이 정말로 신을 믿는 건 아니라고 말했지요. 하지만 그녀는 하나의 형식으로서 기도가 나쁜 건 아니라고 말합니다. 하나의 형식―수사학적 형식이지요. 그러곤 자신이 말하고자 하는 바에 관해 계속 이야기해요. 그녀는 자신의 말이 가장 넓은 의미로 이해되길 바라요. 『추락』의 저자인 쿳시가 그녀로 하여금 "알레타라는 이름의 젊은 유색인 간호사"라고 말하게 하고, 우리를 독자로 불러들인 이후에, 우리는 읽어 가면서 그의 신호를 따르지요.

'나는 당신과 요하네스가 우리를 위해 얼마나 많은 걸 해 주고 있는지를 당신에게 얘기해야만 해요'라고 그녀가 알 레타에게 말한다. 알레타는 냉소의 흐릿한 흔적조차 없는 가장 다정한 미소로 답한다. 그녀는 자신의 말이 가장 넓 은 의미로, 너무 부끄러워 자신으로서는 차마 표현할 수 없었던 모든 의미와 더불어 이해되길 바란다. 당신과 당신 동료가 늙은 백인 여자와 그녀의 딸을 위해, 당신들을 위해 뭔가 를 하기는커녕 당신들이 태어난 땅에서 하루가 멀다 하고 벌어진 당신들의 굴욕에 가담했던 두 이방인을 위해 해 주고 있는 일에 내가 얼마나 고마워하는지를 나는 당신에게 얘기해야만 합니다. 내가 인간다운 친절만을 본 행동을 통해, 그리고 무엇보다도 그 사랑스러운 미소를 통해 당신이 내게 가르쳐 준 교훈에 감사합니 다.(S: 145〔226〕)

이어 그녀는 또한 백인들이, 비록 거기에 백인 서발턴이 있기는 하지만, 어떻게 안티-서발터니티 안에서 유지되는 지를 살펴요. 이는 『추락』과 전적으로 다르지요. 거기서는 루시가 서발턴이 되니까요. "잘 훈련받은 외과 전문의가 우리 손가락을 봉합해 주고 필요할 경우엔 우리에게 새 심장을 주며 게다가 비용도 들지 않는 병원에 — 최고 병원으로만 — 앰뷸런스 로 실려 가는 건 오로지 우리 백인뿐인가? 오 주여, 그렇게 되지 않도록 해 주소서, 그렇게 되지 않도록!"(S: 146〔227〕) 다른 것 에도 주목하세요. 강조 표시된 자유 간접 화법 안에 하나의 우리가 있다는 것을요. 쿳시는 타이포그래피를 사용하고 있어요. 그는 이러한 간접 발화 기술을 사용해, 입증될 수 없는 담론 내부의 어느 위태롭고 불안정한 자리를 안정화

합니다. 이 자리는 하나의 문학 텍스트 안에서 그럴 수 있듯이 진실의 자리가 될 겁니다. 그렇다고 이것이 증거와 같은 건 아니지요.

이 장 막바지에 다가가면서 농장 묘사가 나와요. 농장을 경영하는 방식 탓에 마르곳 부부는 돈을 벌지 못하지요. 이어 그녀가 쿳시에게 베스트 셀러 작가로 돈을 벌라고 오류를 범하는 모습이 제시돼요. 이건 좀 저속한 비아냥이지요. 결말 부분에서 존이 말합니다. "그녀는 나를 알지 못할 거야"She won't know me(S: 149〔235〕). 하나의 비-인정non-recognition 문장이지요. 얼마간 암호처럼 쓰인 문장이에요. 왜냐하면 '**그녀**'가 하나의 전환사shifter, 자유 간접 화법의 주어니까요. 쿳시의 텍스트에서 전기 작가가 장담하는 마지막 문장은 이렇습니다. "좋은 위치 같아서요. 그녀는 나를 알지 못할 거야라는 구절이 좋은데요. 〔침묵〕음, 어떻게 판단하세요?"(S: 152〔236〕, 대괄호는 원문의 것) 여기서 "〔침묵〕"이 반전되고 있어요. 이 책에서는 대체로 "〔침묵〕"이 빈센트의 것이니까요. 만약 독자가 이 텍스트에서 간접 발화 사용이 수사학적으로 처리되는 방식을 세부적으로 살펴본다면 이 장에서 입장이 전도되어 있는 걸 확인하게 돼요. 그녀는 무언가를 말하려는 사람인데 그녀가 침묵해요. "〔침묵〕음, 어떻게 판단하세요? 내 판단이요? 여전히 이해 못 하겠어요." 그녀가 이렇게 말하자 '빈센트'는 다음과 같이 말할 수 있게 돼요. "당신은 사촌의 일부였어요. 그는 당신의 일부였고요. 그건 확실히 너무 분명합니다. 제가 묻는 건, 그대로 둘 수 있느냐는 거예요."

"그녀는 나를 알지 못할 거야"라는 저 마지막 문장에 끌리네요. 한 번 반복되지요. '그녀'는 하나의 전환사예요. 비록 그것이 바로 앞에서 지시한 아픈 여성〔마르곳의 모친〕을 가리키는 게 명백할지라도 그래요. 하지만 여성 인물에게는 말하자면 정의justice라는 중요한 자리가 부여되어 왔어요. 나에 대한 인정은 없을 것이라는 저 짧은 평서문을 만드는 것이 얼마나 간접적이고 폭넓은 것인지를 독자가 알 수는 없어요. 그리고 일반적인 전환사 인물인 '그녀'가 인류를 대변할 수는 없어요. 아니 혹시 그럴 수 있을까요? '그것', '그녀', '땅', '그', '저 사람'은 나를 알지 못할 거예요. 그러니 여기에는 어떤 인정도 없지요. 그대로 둘 수 있을까요? 쿳시가 자신의 욕망의 한 형상으로 재현한, 노벨상 수상자가 아닌 비지식인의 다시 쓰인 목소리가 되는 이 사람을요. 이것은 어떤 이론의 증거도 남아프리카 정치의 증거도 아니에요. 욕망의 펼쳐 냄이지요. 하나의 대안인 이 사람에게 물어요. 이처럼 재현된 인물이, 출생일이 나오고 여기서 특정되진 않지만 사망일도 나오며 책 두 권의 출판일과 노벨상 수상일도 나오는 저명한 인물이 저 대안적인 사람에게 묻는 겁니다. "그대로 둘 수 있느냐는 거예요."

대답은 이래요. "그대로는 아니에요. 다시 따져 보고 싶어요. 당신이 약속했던 것처럼요"(S: 152〔237〕)라고 이 대안적인 목소리가 말해요. 자신이 그를 알았으며 자신들이 카루라는 성스러운 공간에서 유년기를 공유했다고 말해도 되는 목소리지요. 이 대답이 또한 미래 작업에 대한 약속이라고 저는 생각해요. 이것이 텍스트의 모종의 끝이에요. 이제 우리는, 말하자면, 읽기를 향해 준비되기 시작하지요. 다른 읽기들을 얻기 시작하는 겁니다.

이렇게 읽으면서 제가 원했던 건 이처럼 극단적으로 현저한 테크닉이 독자인 그/그녀를 텍스트 안으로 끌어들이는 하나의 방식임을 제 독자가 알아보는 거예요. 그 테크닉이 무엇을 하고 있는지를 알게 되는 것이지요. 저는 설치된 푯말들을 살펴보고 싶었어요. 제법 쓸모 있는 전기를 향해 여러분이 앞으로 나아갈 수 있도록요. 또 여성을 껴안는 남성과 남성을 껴안는 여성이라는 저들 두 인물을 어떻게 읽을지를 우리에게 이야기해 주는 텍스트를 보여 주고 싶었고요. 더 나아가자면, 다양하게 변주되는 자유 간접 화법의 사용을 통해, 마르곳의 자리를 일종의 '나'의 자리 즉 비-모순의 자리로, 진실의 위태롭고 일시적인 자리를 창출하는 것으로 제시하고 싶었습니다. 저 진실의 자리는 '그녀'로부터의 비-인정을 적절한 끝으로 용인하는 걸 결국 허용하지 않아요. "그대로 둘 수 있느냐는 거예요"―"그대로는 아니에요." 그러나 이것이 책의 끝은 아니에요. 다만 모종의 끝이지요. 그다음 우리는, 여기에서부터, 어떤 다른 곳으로 갑니다.

질문들

1 탈구축

저는 데리다가 했던 그것을 하는 걸 실제로 배우지는 못했어요. 그가 만들어 낸 움직임들을 보고 싶어 그의 강연을 모조리 들으러 다녔지요. 언제나 경이로웠어요. 저는 그냥 읽어요. 그런데 그게 탈구축처럼 보인다면 그건 그렇게 말하는 사람에게 달린 거예요. 오늘날 탈구축은 파괴하고 해체하는 분석을 가리키는 섹시한 단어로 이해되지요. 그것

173

이 묘사해야 할 바는 그런 게 아닌데 말입니다. 그건 별로 중요하지 않아요. 제가 언어 경찰도 아니고요. 언어에는 나름의 길이 있지요. 원하는 길이 무엇이든 그 길로 가고요. 아주 노련한 언어 사용자에게 쓸모 있는 일정한 언어 운용 자원들을 필사적으로 사용하는 걸 『서머타임』이 해내고 있다고 봐요. 그런데 이 사용자가 다음 장에서는 무능한 영문학 선생으로 제시되지요. 여기에 아이러니가 있는 겁니다. 저자는 언어 정도가 아니라 수사학이 제공하는 자원들을 사용해요. 그리하여 '진실'을 대변하는 것으로 보이게 될 어떤 공간을 창출합니다. 모든 텍스트가, 무엇보다도, 가치 체계들을 창출하지요.

『리어 왕』으로 돌아가겠습니다. 이건 타락 나트 센이 우리에게 가르쳐 준 무언가예요. 희곡의 서두엔 엄청난 수사학적 과도함(타락 씨의 표현)이 있으며 그 후에 리어가 코딜리어를 향해 "말하라"Speak라고 말한다는 겁니다. 코딜리어는 말하지요. "마마, 아무것도 없어요"Nothing, my lord. 엘리자베스 시대 무대에서는, 오늘날의 관습인 실패한 산문으로 연기되기보다는, 더 규칙적으로 약강 오보격으로 연기되었기에 그 대사에는 침묵의 여섯 음절이 있지요. 그러자 리어가 말하지요. "아무것도 없다고?"Nothing? 침묵의 여덟 음절. 코딜리어가 말해요. "아무것도요"Nothing. 침묵의 여덟 음절, 이어 리어가 말하길 "아무것도 없다 하면 이루어질 것이 없을 터, 다시 말하라"Nothing will come of nothing: speak again.[25] 일반적으로 말해 하나의 인상을 창출하는 건 언어인데, 도리어 여기선 셰익스피어가 너무 영리한 언어 사용자라서 침묵을 사용해 관객으로 하여금 이러한 연극적 마주침의 속뜻을 이해하도록 만든다는 것을 타락 씨가 우리에게 가르쳐 줍니다.

이런 종류의 일이 이 텍스트에서도 일어나고 있어요. 쿳시는 '그', '그들', '그녀', '그녀 안에 있는 나'로 재주를 넘으면서 수사학 자원들을 사용해요. 또한 모순들을 거기〔텍스트〕에 놓음으로써 그녀-임she-ness의 비-모순을 사용하고요. 그렇게 해서 그녀가 거기에 있지 않다는 것 등등을 보여 주지요. 그는 이러한 움직임을 만들어 텍스트를 개시하는 하나의 플랫폼을 창출하는 겁니다. 탈구축이란 모든 것을 치워 버리고 모든 것을 조각내는 것이 전혀 아니에요. 사람들이 망각하는 건 탈구축deconstruction이라는 단어의 중간에 C-O-N이 있다는 거예요. 데리다는 하이데거의 해체Destruktion라는 관념을 개조했거든요. 이런 관점에서 보면 『~의 탈구축과 재구축』 같은 제목들은 소소한 민망함일 따름이지요.

텍스트는 욕망을 펼쳐 내 진실을 이야기한다고 말하는 것이 의미하는 바는 이러합니다. 저는 결핵을 앓았어요. 결핵에 걸려touched 기관지를 전부 절개했지요. 이와 같은 식으로 탈구축에 걸리면touched 진실을 이야기하기의 난점이 중요하다는 것이 굉장히 깊숙하게 와닿습니다. 탈구축은 과오의 폭로가 아니라 단지 '진실'이라고 인정되고 자리 잡게 될 어떤 것을 생산하기의 위태로움과 책임에 대한 조심스러운 숙고일 따름이거든요. 과연 우리가 방금 들은 것

<hr />

25 William Shakespeare, *King Lear*, R. A. Foakes ed., The Arden Shakespeare Third Series, Walton-on-Thames: Nelson, 1997, 1.1. 87~90〔『리어 왕』, 박우수 옮김, 열린책들, 2012, 15쪽〕.

은 무엇인가요? 장차 일이 다시 일어날 거라는 것. "그대로 둘 수 있느냐는 거예요. 그대로는 아니에요." 쿳시는 이미 저 목소리를 확고히 하고 있어요. 『어둠의 땅』과 『추락』을 놓고 제가 말했듯이요. 『추락』 이후엔 그 자신을 포함해 이런저런 이유로 남아프리카를 떠난 사람들을 다뤄요. 그는 왜 떠났던가요? "'그녀는 나를 알지 못할'" 거라서. 획정되는 이 사람, 루시와 같은 모습은 전혀 없다고 제시되는 이 사람, "여기서 우리가 뭘 하고 있는 거지?"라며 회의하는 평범한 백인인 선량한 이 사람은 근사하고 싶고 사람들이 지닌 근사함 등등에 고마워해요. 하지만 또한 역사는 개인적 선의보다 더 크지요. 그러니 이 사람은 쿳시가 아니에요. 루시가 쿳시가 아니었던 것과 마찬가지로요.

여러분은 좋은 질문을 던졌어요. 하지만 제 분석은 어떤 것에 대한 탈구축이 아니에요. 모든 텍스트는 욕망들을 펼쳐 냅니다. 일부 텍스트는 그것을 자신의 논제로 삼지요. 모든 텍스트는 여러분에게 윤리적 반사 작용의 실천들을 줄 수 있어요. 일부 텍스트는 그러한 실천들을 재현하지요. 이 텍스트는 욕망하는 인물을 재현해요. 이 인물에 관해 진실이 이야기될 수 있는 이유는 그가 망자이기 때문이고요.

2 읽을 수 있음과 기록할 수 있음 / 탐정 스토리

거듭 말하지만 이 텍스트는 어떤 이론적 상황의 사례가 아니에요. 그것은 바르트가 '읽을 수 있음'readerly과 '기록할 수 있음'writerly을 말할 때 논하려던 바로 그런 것이지요. 읽을 수 있음과 기록할 수 있음이라는 바르트의 구별을 지나치지go beyond 마세요. 리처드 밀러가 읽을 수 있음lisible

과 기록할 수 있음scriptible을 더 리더블the readable과 더 라
이터블the writable로 번역해야 했으나 어떤 이유 때문인지
그러지 않았기 때문입니다.[26] 이건 오역이지만 그저 하나
의 오류가 아니에요. 기록되고 있는 중인 텍스트는 우리에
의해 읽힐 수 없는 것이라는 바르트의 핵심을 제거해 버렸
으니까요. 밀러의 오역으로 말미암아 영어권 독자들은 바
르트에게 있어 기록할 수 있음의 텍스트란 '하나의 궁극적
인 의미'가 설정되지 않는 텍스트일 따름이라고 생각하게
된 겁니다. 하지만 당연하게도 그런 건 전미래를 생각해 본
다면 모든 텍스트의 정의라고 해도 될 법한 것이지요. 그러
니까 읽을 수 있음-기록할 수 있음이라는 구별을 '지나친
다'는 걸 프랑스어에서는 생각할 수 없다고 봐요. 의도를
지닌 주체인 독자의 한계들을 환원 불가능하게 표시하는
하나의 한계라고 할까요.

26 바르트는 이렇게 쓰고 있다. "기록할 수 있음scriptible의
텍스트는 영속적 현재며, 후속되는 그 어떤 발화도 이 현재
위에 놓일 수 없다(그 발화는 현재를 반드시 과거로 변형할
것이다). 기록할 수 있음의 텍스트는 글쓰기 상태에 있는 우리다.
그 텍스트는 세계의 무한 작용(작용으로서의 세계)이 어떤 개별
체계(이데올로기, 장르, 비평)에 의해 방해받고 잘리고 중단되고
가공되는 것에 선행한다. 이 체계는 저 세계에서 입구의 다수성,
망의 개방성, 언어의 무한성을 깎아내린다. 기록할 수 있음, 그것은
소설 아닌 소설적임이며, 시 아닌 시적임이며, 논설 아닌 에세이며,
스타일 아닌 글쓰기며, 생산물 아닌 생산이고, 구조 아닌 구조화다.
그렇다면 읽을 수 있음lisible의 텍스트들은? 그것들은 (생산들이
아닌) 생산물들이고, 우리네 문학의 엄청난 덩어리를 이루고 있다."
Barthes, S/Z, Paris: Éditions du Seuil, 1970, p.11; S/Z, Richard
Miller trans., London: Jonathan Cape, 1975, p.5(『S/Z』, 김웅권
옮김, 동문선, 2006, 13~14쪽).

읽을 수 있음의 텍스트란 가령 이런 겁니다. '나는 강의하고 있는 중이다. 쿳시는 책을 출간했다. 우리는 두 편의 발표문을 들었다. 질문들이 있었고 답변들이 있었으며 이 모든 것이 우리가 이해하는 언어로 이루어졌다.' 하지만 이 방에서 우리 각자는 살아 있으면서 동시에 죽어 가고 있지요. 우리의 신체는 다른 온갖 것도 만들어 내겠지만 하다못해 오줌이라도 줄곧 만들어 내는 중이고요. 모든 호르몬이 우리 신체 안에서 부단히 온갖 일을 하는 중이지요. 포도당이 나오고 등등. 우리의 부모, 그들의 부모, 그리고 그들의 부모의 심리 전기psychobiography들이 우리의 유전자가 구성되어 온 방식 등등 안에서 역시 작동하고 있고요. 이 모든 것이 일어나고 있는 겁니다. 이것이 기록할 수 있음이에요. 저는 가장 중요하면서도 접근하기 어려운 사례들을 택했지만 더 많은 사례를 제시할 수 있지요. 70년대에 부르주아 휴머니즘의 상속자들은 부르주아 세계에 과도하게 접근해 이렇게 말했어요. 사람들이 읽을거리를 읽는 사이에 훨씬 더 중요한 하나의 텍스트가 기록되고 있는 것이라고요. 지구는 점점 더 죽음에 가까워지고 있습니다. 우주에는 거대한 움직임이 있고요. 우리가 왜소해지고 있는 건 아니지만, 시간은 가고 있지요.

아니시 카푸르의 「내 붉은 고향」(2003)은 비범한 조형물이에요. 커다란 붉은색 원형 판 위에 검은색 눈금이 초 단위로 움직이고 있어요. 작품 바로 앞에 서면 아무 움직임도 볼 수 없어요. 15분 뒤에 다시 와 보면 눈금이 아주 많이 움직였지요. 이례적일 게 없는 하나의 시계 같지만, 그것에 대해 더 많은 걸 알게 만든다는 점에서 달라요. 그러한 것이 바로 기록할 수 있음이에요. 기록할 수 있음은 끝을 갖지 않아요. 그것은 거의 자동 피아노 혹은 그에 준하는 디지털 기기처럼 스스로 기록해요. 그걸 읽을 수는 없어요. 전자적인 자본이 기록할 수 있음이라고 말해도 되겠네요. 화폐의 자본으로의 현실-화real-izing와 전형transformation이라는 낡은 관념 등등이 수정되었던 것은 결코 현실-화되지 않는 가상 질료virtual material 때문이기도 하고 말하자면 자본의 전체 구름 때문이기도 합니다. 이 가상 질료는 현실-화되지 않을 뿐 아니라 계산 안으로 제대로 들어가지도 않아요. 너무 빨리 움직이거든요. 그러한 것이 기록할 수 있음이에요. 우리가 여기 앉아 있는 사이에도 그건 또한 기록하고 있어요. 환율은 등락하지요. 그것의 한 순간을 읽을 수 있음이라고 포착할 수는 있어요. 하지만 추상적인 운동 전체를 포착할 수는 없지요. 그러한 것이 또한 새로운 기록할 수 있음이고요.

바르트는 또한 알랭 로브-그리예 같은 작가들이 표현한 욕망에 관해 논해요. 이 작가들은 의도를 지닌 읽을 수 있음의 주체의 자리를 텍스트 안에서 침식함으로써 작가에 대한 접근 불가능성을 재현하고자 했어요. 실제로 기록할 수 있음을 포착하려는 욕망은 만연한 인간 욕망이에요. 우리가 특별히 주목할 만한 사례들을 원한다면 이 욕망에 대한 가장 명예로운 패러디 중 하나는 물론 『트리스트럼 섄디』(1759)지요!

우리는 텍스트가 하나의 탐정 소설이라고 생각할 수 있어요. 그것을 산출해 내야work out, 즉 공들여-만들어 내야e-labor-ate 합니다. 사실 들뢰즈와 데리다와 푸코의 이론적 방법 전체가 이런 거라고 볼 수 있지요. 어쩌면, 재차, 언제나 거기에서 교류적인 공들여-만들어 냄transactional e-labor-ation을 가리키는 텍스트성이란 그런 걸 거예요.

3 상호 텍스트적인 계기들

『서머타임』 4쪽에는 양심의 가책을 뜻하는 중세 영어 표현인 '내면의 마음을 다시 쥐어뜯다'Agenbite of inwit가 나와요. 우리 안의 지성이 거듭 우리에게 양심의 가책을 느끼게 한다는 겁니다. 조이스도 『피네건의 경야』(1939)에서 준거하는 기독교적인 훈계지요. 그런 암시들은 영문학 교사에게 적당한 것들이에요. 33쪽에는 "그녀의 옷이 액체화되어 얼마나 달콤하게 찰랑거리던지"라는 표현이 있지요. 그런 것도 역시 영문학 교사의 반사 작용 이상은 아닌 것으로 보여요. 실은 저자-기능과 줄리아의 차이를 나타내는 것일 수도 있고요. 줄리아는 보어인인 존 쿳시가 습득한 영문학 전통 안에 자리 잡지 못하거든요. 반면에 왕년의 독문학도인 줄리아 프랑클은 더 큰 영리함으로 독일적 준거를 '사용'하지요. 저자인 존 쿳시와 책에 대해 나눈 토론 가운데 자신이 기억하는 것의 일부로 사용하는 겁니다. 카프카가 유년기 친구인 오스카어 폴록에게 보낸 수없이 인용되는 청년기 편지는 책이 폭력적인 에피스테몰로지 변화의 무기라는 정의를 우리에게 주지요. 줄리아는 이 말을 존에게 던져요. 그녀의 기억이 진실하다면(빈센트는 그렇다고 생각할 수밖에 없는데) 자신의 글에서 존은 자신이 욕망했던 것을 한층 인습적으로 자기-재현하고 있는 것 같아요.[27] 이 대목을 통해 독자는 전기적인 '사실들'이 어떻게 생산되는지를 생각하게 된다고 할 수도 있겠네요. 다시금, 사실 대 허구라고나 할까요.

이 소설에서는 상호 텍스트성이 텍스트 표면에서 작동해요. 이 소설의 사적인 문법에 비춰 진실성을 평가하는 과정에서 영리한 독자가 돕는다고 가정하면요. 이러한 준거를 더 많이 포착할수록 말하자면 점점 더 텍스트의 내포 독자가 되는 거예요. 대조적으로『추락』에서는 전체 텍스트의 전체 의미가 걸출한 상호-텍스트들로 짜여 있어요. 달리 말해 하나의 테크닉으로서 상호 텍스트성은 상이하게 사용될 수 있어요.『추락』에 대한 제 읽기는 우리가 대학에서 배울 때 '심층 인유법'deep allusions이라 불렀던 설명을 제공했을 뿐이에요. 이런 거지요. 밀턴의 "불면의 새는 / 어스름 속에서 노래해"As the wakeful bird / Sings darkling는 키츠의 "어스름 속에서 나는 듣네"Darkling I listen로, 이어 하디의 "어스름 속의 개똥지빠귀"The Darkling Thrush로 가요. 또는 키츠의 "그대는 여전히 순결한 고요의 신부"Thou still unravish'd bride of quietness는 예이츠의 "돌 틈새에 넘쳐 흐르는 물 위로"Upon the brimming water among the stones로 가고요. 이런 심층 인유법이 의미를 풍요롭게 하지요.『서머타임』에서 데이비드 루리를 해지하고자 하면서 쿳시는 상호 텍스트성 자체를 침식해요. 상호 텍스트성은 텍스트

---

27 "한 권의 책은 우리 안의 언 바다를 깨는 도끼여야만 합니다." Franz Kafka, *Letters to Freinds, Family and Editors*, Beverly Colman, Nahum N. Glatzer, Christopher J. Kuppig and Wolfgang Sauerland eds., Richard and Clara Winston trans., London: Oneworld Classics, 2011(1977), p.16〔『행복한 불행한 이에게: 카프카의 편지 1900~1924』(개정판), 서용좌 옮김, 솔, 2017, 67쪽〕.

가 전달할 수 있는 것이라는 측면에서 진실성 또는 '신뢰할 수 있음'을 포착하는 표면적인 도구에 불과한 것이 되지요. 아마도 인종에 대한 저자의 감정을 비난받을 만하지만 그래도 신뢰할 수 있게 표현한 작품이라는 식으로 『추락』이 읽혔기 때문일 거예요.

이 테크닉이 마르곳 장에는 거의 없어요. 아마도 그녀를 평가하는 데서 독자가 참여자의 역할을 맡을 이유가 없기 때문이겠지요. 그것이 아드리아나에게는 일어날 겁니다. 줄리아에게 일어나는 건 확실하고요. 존 쿳시에게는 일관되게 일어나지요. 게다가 데이비드 루리를 해지하는 것이 보여 주지요. '진실'과 그것의 생산을 전하기 위해 허구가 어떻게 사실을 해지하는지를요.

교직과 자서전

이 마지막 세션의 발표문들을 들으니 제가 교단에 선 장면들의 역사와 다양성에 관해 약간의 논평을 하게 되네요. 지난 60년 넘게 우리가 읽어 왔던 탁월한 비평들은 파리를 대문자로 씀에도 불구하고 파리를 프랑스의 대표자로 간주해서는 안 된다는 것과 관련되어 있지요. 그렇지만 바깥 세계에서는 학자들이 델리를 단일체로서의 인도의 환유적 대표자로 간주해요. 이것이 델리에 소재한 두 엘리트 대학에서 나오는 논문들에 역효과를 낳고요. 그것들은 하나의 총칭적인 미국에서 나오는 논문과 닮아 가고 있어요. 우리는 이것을 메트로폴리스 이주자에 대한 파농의 비평 일부로 유념해야 합니다. 여기서 우리가 논하고 있는 건 이주자 아닌 이주자예요. 말하자면 삶의 조건들마저 완전히 상이한 어느 이역의 수도에서 출현하는 일반화된 '미국' 담론을 논하고 있는 거예요. 우리는 이것을 비평 쓰기의 서사로 간주해야 해요. 비평 그 자체가 하나의 윤리적 예시라는 것이지요.

    ＊ 강의에서는 스피박의 논평에 앞서 푸네 대학 영문과 석사 과정 학생인 산토시 마홀카르와 아루니 마하파트라의 발표가 있었다. 이들의 발표문은 별도로 신청하면 받아 볼 수 있다.

제가 교직에 나서는 장면은 1959년 콜카타에서 시작됩니다. 일찌감치 다양한 연령대의 하인이 '글을 깨치도록' 독려했던 계급 부화 장면을 뺀다면요. 그건 제가 열 살도 되기 전이었지요. 모친이 히란모예 비다바 실파시람Hiranmoyee Bidhaba Shilpashram—궁핍한 과부들의 고용을 돕는 기관에서 보낸 엄청 많은 서류에 등급을 매기는 일을 제게 맡긴 덕분이었고요. 1959년에 저는 '잉글랜드' 악센트를 배워 저 자신을 시장성이 더 큰 상품으로 정형화했어요. 그렇게 저 자신의 재생산을 수반하지 않는 방식으로 교직을 시작했습니다. 미쓰비시의 일본인 중역으로 과외비를 후하게 쳐 주던 영어 회화 수업 학생인 무라카미 씨가 가장 극단적인 사례지요. 제가 조교로 있던 1964년에는 학생들에 의한 묵시적인 인종 프로파일링을 통해 모종의 차이들이 존속되고 있었어요. 그것이 온통 변한 건 1965년이지요. 제가 60년대 이념에 헌신하던 어느 대학의 조교수가 된 때예요. 인문학에서는 모든 것이 학생들의 욕망에 부합해야만 한다던 이념에 말입니다.

저는 그 이념이 재앙이었다고 생각해요. 차라리 포이어바흐에 대한 마르크스의 셋째 테제(1888년 출간)에 담긴 통찰로 돌아가겠어요. 교육자와 피교육자 사이에는 언제나 경험과 지식의 차이가 있어야만 하며 교육자는 언제나 이것을 전복Umwälzung(영어 번역에는 '혁명'revolution으로 되어 있지만 이것은 전복overturning입니다)하려 시도해야만 한다는 주장으로요. 어디서든 '내가 원해'라는 선언과 혁명 자체를 동일시하고 아울러 교육자들이 권력의 농간에 결정적으로 연루되어 있다고 비난하던 60년대 미국의 특정 대학들에서 학생들이 느낀 기댈 데 없는 불안은 교육의 가능성을 얼마간 파괴했어요. 반면에 마르크스는 셋째 테제에서 교육자들에 대한 교육을 역설하지요.

인간이 상황과 양육의 산물이며 따라서 변화된 인간은 다른 상황과 변화된 양육의 산물이라는 유물론적 교의는 상황을 변화시키는 것이야말로 인간이며 교육자 자신이 교육을 필요로 한다는 점을 잊고 있다. 그리하여 이 교의는 사회를 두 부분으로 나누는 것에 필연적으로 다다르며, 그 두 부분 중 하나는 사회보다 우월하다(예컨대 로버트 오언에게서처럼).

상황 변화와 인간 행동 변화의 일치는 오로지 전복하는 실천overturning practice으로서만 사고되고 합리적으로 이해될 수 있다.[1]

델리가 단지 인도의 환유인 건 아니지요. 게다가 델리의 인도로서의 자기-재현 또한 몹시 난감한 것이고요. 델리는 오늘의 이스탄불처럼(제가 오늘 이 자리에서 상론할 수는 없는 어떤 상이한 이유로 인해) 세미나 도시가 되었고, 그곳의 대학들은 베이징 대학이나 칭화 대학처럼 훌륭하게 조직된 세미나를 엽니다. 이른바 '미제'the US 표상들이

---

1   Karl Marx, "Theses on Feuerbach(III)" in *Karl Marx and Frederick Engels: Selected Works*, Vol. 2, Moscow: Foreign Languages Publishing House, 1962, pp. 403~404, 번역 수정〔『포이에르바하에 관한 테제들』, 『칼 맑스 프리드리히 엥겔스 저작선집』 1권, 김태호 외 옮김, 박종철출판사, 1991, 185~186쪽〕.

표류하는 거예요. 특정 사회체socius에서 풀려나서요.

인도에서는 이러한 델리 문제가 작년에 케랄라에서 두드러졌지요. 제가 가르쳤던 대학들에서 나오는 전형적인 미국 논문의 특징 하나는 필자의 논문 작성 능력 부족을 묘사하느라 긴 시간을 들인다는 거예요. 이건 하나의 토포스예요. 저는 학생들에게 그런 식의 자기-들여다보기에 빠지지 말라고 당부하지요.

문학 텍스트는 바르트(그를 일종의 구루로 떠받드는 분위기가 형성되어 있는 것 같아요)의 이론들을 예증하는 것이 아니에요. 자서전에 대한 쿳시의 1984년 에세이를 예증하는 것도 아니고요. 데리다에게서 불의 재feu la cendres는 관계 없는 관계rapport sans rapport의 표상입니다. 정의와 법의 관계, 선물gift과 책임responsibility의 관계가 그런 관계예요. 비-접근에 의해 표시되며 칸트의 초월론적 연역을 다시 쓴 것이지요. 여기서는 일단 이것을 독자가 더 발전시킬 하나의 암시로 남겨 두겠어요. 칸트에게서 그것이 로크의 정정이며, 칸트에 따르면 로크는 논증의 기원으로 되돌아가 증거를 산출하길 원한다는 점만을 부언해 두고요.

데리다의 입론에서는 불이라는 사실의 증언이자 목격이 곧 재인 것이지요. 가능성의 흔적이 또한 재예요. 예컨대 선물이 응답 책임responsibility뿐 아니라 결산reckoning으로서의 해명 책임accountability이 될 가능성의 흔적이라든가 탈구축될 수 없는 정의가 수정될 수 있는 법으로만 접근될 수 있다는 가능성의 흔적 말입니다. 시인〔타고르〕이 내 마음은 내가 받지 않은 것을 결산하는 데 동의하지 않는다 ki pai ni tari hishab milatey mono mor nahey raji라고 말할 때 이는 자기 힘의 한계를 거부하는 결정을 통제하는 상태에 있고자 하는 욕망의 언표지요.

발표문 중 한 편은 흥미롭게도 『서머타임』에 삶을 텍스트화하려는 시도가 있다고 제시했어요. 그렇다면 그다음 질문은 이렇겠지요. 삶은 어디서 시작하는가? 우리가 안다고 생각하는 '삶'이 어떻게 이미 텍스트적인가? '의도론의 오류'를 우리에게 제안했던 구미 작가들은 삶에 대한 전-비판적인 통념을 갖고 있었어요. 삶이란 텍스트와 대립하는 것으로서 일련의 적나라한 사실들이라고 보는 통념이지요. 삶이 여러 가닥으로 꼬여 있고 짜여 있다는 것이야말로 저러한 대립을 해지하라고 우리에게 요구하는 것 아닐까요? 공산주의 대 자유라는 서사에 의해 용인된다고 언표된 정치적 입장이라면 어느 것이든 저자들이 채택할 수 있도록 허용하고 쓰인 텍스트―좁은 의미에서의 텍스트―를 자유롭도록 허용한 것이 바로 저 대립이었어요. 앞서 보았듯 데리다는 니체에게든 하이데거에게든 이런 게 있다고 보지 않아요.

일반화하지 않는 방법을 이야기해 주는 게 문학이지요. 우리는 깜짝 놀라는 걸 기다려야만 해요. 그러므로, 쿳시가 작가-비평가로서 쓰고 있는 1984년 텍스트에 전기와 자서전에 관한 언급들이 있는 게 사실이라 해도, 한참 뒤『서머타임』에 나오는 우발적인 것을 우리가 환영하지 못할 이유는 없지요. 그렇다고 해서, 물론, 궁극적으로, 『서머타임』이든 뭐든 여러분이 꼭 읽어야 한다는 건 아니에요. 우리는 영문과에 속해 있으며, 학과의 요건상 텍스트를 읽어야 하고 텍스트에 관해 써야 하지요. 이 사실을 잊지 맙시다. 여러분은 그러한 틀 안에서 이론적 정교함과 읽기를 어울리게 만들어야 해요. 그런 정교함으로 작가의 자기-재현을 허세에 오염시켜서는 안 되지요.

우리는 의도하는 주체에게서 충분히 거리를 두고 있어야 해요. 그래야 문학 텍스트에 의해 주어지는 신호들을 알아볼 수 있어요. 그렇게 하는 것이 읽기의 실체지요. 더 문자적일수록 더 나아요.

이제 『서머타임』에 있는 남아프리카 관념으로 되돌아갑시다. 텍스트가 보내는 신호들을 살피면서 제가 말했던 건 이렇습니다. 소피가 그렇게 말하도록 만든 까닭은 그녀가 무엇을 읽을 수 없는지를 강조하기 위해서였다는 거예요. 또한 독자가 'J. M. 쿳시'와 '존 쿳시'의 구별에 주목함으로써 저자-기능의 이질성이 지닌 중요함을 이해해야만 한다는 거예요. 그것은 모두 연출되어 있어요. 게다가 연출하면서 쿳시는 오래된 서사 규칙을 사용하지요. 각각의 발화를 인물이 해요. 우리는 인물 자체가 텍스트에서 어떻게 연출되었는지의 견지에서 발화들이 신뢰할 만한 가치가 있는지를 정해야 하지요.

쿳시는 또한 이 인물들을 일정한 위치의 대표자로 만들고 있어요. 줄리아 스미스/프랑클은 진단하는 일을 하지요. 그녀가 제일 먼저 등장하고요. 『서머타임』을 읽으면서 우리는 이 진단하는 인물을 먼저 확인하게 돼요. 마치 '기호로서의 저자'(바르트)나 저자의 '주체 위치'(푸코)가 이 인물을 통해 협상되고 있는 것만 같아요. 쿳시는 텍사스 대학에서 박사를 했어요. 거기에 있던 우수한 선생들은 아프리카학, 인류학, 인문학 전반을 어떻게 할 것인지와 어떻게 하지 않을 것인지에 관해 구조주의로부터 영향을 받았지요. 그러므로 우리가 『서머타임』에서 보고 있는 것은 주체 위치가 구조들의 행위로부터 출현하는 주체라고 말하라는 구조주의적 요청일 거예요. 모든 언표는 이 책에서 자신의 모순을 갖지요. 이중 구속을 가르치는 텍스트예요. '저자'는 말합니다. 나는 부재해, 부재해, 부재해라고요. 하지만 이건 테크닉의 일부지요. 그것은 삶의 텍스트화고, 삶에 접근할 수 있는 어떤 욕망의 기입이에요. 종국에 우리는 소설이 어떤 소설을 '향한 노트'라는 걸 발견합니다. 그런데 그런 건 하나의 토포스예요. 우리더러 그람시의 옥중 수고 또는 프루스트의 『잃어버린 시간을 찾아서』(1922~1931)를 읽듯이 그렇게 읽으라는 게지요.

우리는 그걸 어떻게 아나요? 장들 말미에 있는 노트들을 통해 알게 되지요. 망자로 묘사된 남자의 노트들이지요. 노트들에는 "더 전개할 것" 등등이 적혀 있어요. 이걸 쓴 사람이 죽었다는 걸 표 나게 말해 놓았지요. 이는 텍스트적인 사건이지, 단순히 서사적인 사건이 아니에요. 그렇다는 것은 이것이 열린 텍스트임을 뜻해요. 그것은 접근할 수 없는 기록할 수 있음의 재현이에요. 기록할 수 있음의 글쓰기는 의도하지 않는 사람에 의해 이루어져요. 이것이 바로 니체가 오래전에 우리를 호랑이 등에 올라탄 것으로 묘사한 이유예요. 호랑이 등이 우리의 몸인 걸 우리는 아주 날것 그대로의 신호들을 통하지 않는 한 정말로 알 수 없지요.

우리의 통제 너머에 있는 기록할 수 있음을 재현하려는 이 욕망은 우리 모두에게 공유되지요. 여성과 서발턴 계급은 기록할 수 있음을 재현할 권리를 거부당해 왔어요. 이들의 사회적 임무는 읽을 수 있음을 관리하는 것이에요. 요컨대 가족을, 그리고 이 텍스트에서는 '마르곳의 착함'과 그것이 함의하는 모든 것을 관리하는 겁니다. '구조적 분석'에세이 말미에 바르트는 기록할 수 있음을 재현하려는 이 욕망이 기록할 수 있음의 단순한 일부가 아니라, 자신이 활동하던 당대엔 전-인간적인 반복 의무pre-human obligation to repeat라고 불렀을 법한 것을 절단하는 인간 프로그래밍의 일부라고 부릅니다. 그리고 이 텍스트는 기록할 수 있음을 재현하려는 욕망의 재현 때문에 차라리 보란 듯이 종결되지 않아요. 루카치는 『돈키호테』를 최초의 근대 소설이라고 정의했지요.[2] "세계에 텍스트를 바치려는" 욕망을 산초 판사라는 인물 안에서 재현했거든요. 기록할 수 있음을 재현하려는 욕망의 변주인 것이지요. 그렇다고 해서 이러한 텍스트들이 실제로 자체적인 비-종결을 조직할 수 있다는 뜻은 아니에요. 왜냐하면 텍스트로서 그것들은 또한 자유를 향한 자체적인 욕망에 구속되니까요.

그러므로, 제 읽기에서, 존 쿳시를 죽은 자로 재현하는 건 기록할 수 있음을 통제하려는 욕망의 재현의 일부예요.

기록할 수 있음을 재현하려는 욕망의 일부 재현은 여타 재현보다 더 공격적이에요. 심지어 리얼리즘 소설인 『남과 북』은 판에 박은 로맨스의 중후한 결말을 계급의 개방성에 준거해 중단시키지요. 그러니 실은, 모든 텍스트에, 삶이라

2 György Lukács, *The Theory of the Novel*, Anna Bostock trans., Monmouth: Merlin, 1971, 특히 "The Romanticism of Disillusionment", pp.112~131을 보라〔「환멸의 낭만주의」, 『소설의 이론』, 김경식 옮김, 문예출판사, 2007〕.

는 텍스트에, 종결은 없는 거예요. 미래는 결정할 수 없고, 죽은 우리는 데이지꽃을 피우지요.

실제로 현실의 비-종결은 우리 수중에 있지 않아요. 우리는 우리 자신의 죽음을 탄생시켜요. 리처드 도킨스와 여타 저술가들이 DNA에 관해 우리에게 이야기해 주듯이 말입니다. 그들의 주요 논점은 아주 적은 비율의 DNA만이 인간에 의해 사용되며, 대부분은 인류의 시작 이전 또는 인류의 종언 이후의 수조 년에 걸쳐 그냥 전달되기만 한다는 것이지요. 우리는 DNA 전달 도구예요. DNA 전달을 위한 기계들을 분만하고 있는 겁니다. 종결은 없어요. 다른 극단에는 멜라니 클라인이 있지요. 그녀에겐 태어남 자체가 일종의 죽어 감이에요. 태내 생명은 우리가 보통 잉태라고 생각하는 것의 충격과 트라우마 속에서 시작되기 때문이지요. 출생의 트라우마는 망각되는 어떤 것이 아니에요. 그러니 우리는 이 세상을 떠나는 걸 감내해야만 합니다. 우리가 이곳으로 오는 걸 감내하듯이요. "만사는 무르익음에 달렸습니다."[3] 무르익음이란 애도의 주문에 나오는 오이처럼 돌연 씨를 흙 속에 묻고 종결 너머의 죽음으로 이어지는 것이지요.[4] 이것이 상호 텍스트성이에요.

우리는 재현을 살펴보고 있어요. 언어마다 재현의 자원은 동일하지 않아요. 그래서 우리는 자원들의 본성에 의존하는 무매개적인 사회적 주장을 하지 않지요.

예컨대 우리는 이렇게 말하지 않아요. 벵골어는 '통용되

---

3 Shakespeare, *King Lear*, 5.2.11〔『리어 왕』, 170쪽〕.

4 또한 Spivak, "Thinking about Edward Said: Pages from a Memoir", *Critical Inquiry* 31(2), Winter 2005, pp. 519~525도 보라.

는' 언어라는 의미에서 더 정교한 언어이므로 '명사의 성별 구분이 없고' '그러므로 그것은 벵골인에게 성 차별이 없다는 걸 보여 준다'고요. 헤마 말리니는 뉴욕에서 말했지요. 힌두교는 여신들이 있어 근사하고 힌두교도는 여성과 같다고요. 그건 역시 전혀 쓸모없는 얘기지요. 우리는 하나의 언어를 사회적 색인index으로 기념해서는 안 됩니다. 『서머타임』에서는 오직 학자인 마틴과 소피에게만 요약하는 것이 허용돼요. 소피를 인용할 때는 이를 유념해야 해요. 두 학자는 두 여성의 진지한 텍스트 이후에 나와요. 우리는 텍스트가 학자들에게 내리는 평가의 일단을 마틴의 질문을 통해 알게 됩니다. 분명히 부정확하고 피상적이며 수사학적인 질문이지요. "이런 식으로 말하는 게 실례인 줄은 압니다만, 〔당신의 책이〕여자들의 수다 이상의 무언가가 될까요?"(S: 218〔338〕) 마틴은 텍스트의 정신 안에 있지 않아요. 그는 사회적으로 인정 가능한 진실 재현 테크닉인 학문적 요약을 사용하려 하지요. 이것은 비-모순을 통한 진실의 단축 재현으로, 마틴과 소피가 상이한 방식으로 공유하는 것이에요.

다른 한편으로는 책의 중심에 있으며 자유 간접 화법 안에 배치된 여성이 반박하지요. "당신은 내가 말한 대로 말하지 않는군요"라고요. 따라서 그녀가 말한 그대로가 아니라 해도, 우리가 주목하면서 세심하게 읽는다면, 그러한 모든 것이 비가시적이고 확장적이며 어쩌면 심지어 '심층적일' 비-모순에 의해 보호됩니다. 허구가 제공하는 것은 진실이 아니에요. 차라리 일단의 텍스트적 가르침을 제공하지요. A는 B가 아니라 A라는 '진실'의 특성들을 자리매김하는 보편적으로 인정된 방식의 수사학적인 발견을 위한 가르침들을요. 이렇게 무한히 '종결 없이' 진행될 때 그것은 미장 아빔이며, 거울 방이고, 심연성이에요. 이것이 자족적으로 이루어지지는 않는다는 것을, 그리하여 우리를 기술적으로 현혹시킨다는 것을 기억해야만 합니다. 저는 독자로서의 본능으로 옳건 그르건 주장하는 바예요. 이처럼 다양하고 심연적인 허구적 방도들에 의해 접근되고 있는 '진실'-들'truth'-s은 다음과 같은 곤란한 역사적 질문들에 답하는 것을 지향한다고요. 공간 안에서 식민적인 것의 자리에 관해 누가 진실을 말할 수 있는가? 공간은 그 누구에게도 속하지 않거든요. 식민주의는 어디에서 시작하고 끝나는가? 그것은 언제 끝나는가? 1966년에 바르트가 이른바 서사에 관해 그랬던 것처럼 사미르 아민이 1973년에 역사 서사에 관해 새로운 제안을 했던 걸 저는 기억해요. 역사를 써 나갔던 건 생산 양식만이라기보다는 인민 운동이라는 것이 아민의 생각이었지요. 민족 해방이라는 이미 주어진 최종 생산물이 있었던 투쟁을 오늘날 저는 충실한 바로 이 두 사람 사이에 배치합니다. 저 투쟁은 세계가 그 누구에게도 소유되지 않으며 자본은 조국을 갖지 않는다는 불편한 사실로 빠져들었어요. 백인이 우리에게 무정하다고 말해 봐야 소용없어요. 우리도, 역사적으로든 지금 당장이든, 무정하니까요. 그러니 허구 안에서가 아니라면 진실은 없어요.

이것이야말로 이 소설이 문학적인 것을 단지 과시하기 위한 것 또는 모종의 이론들의 예시가 되기 위한 것이 아님을 우리가 기억해야 할 이유예요. '착한 백인 남자가 ~을 한다'라는 투박한 문제를 현시하는 데, 그리고 독자에게 재현하는 데 이 소설이 사용되고 있어요. 이는 우리에게도 적용되지요! 타자 집단에서 상향 이동하는 사람들은 언제나 비난에 노출돼요. 때로는 정확한 비난도 있지만요. 너무 단순하고 검토되지도 않은 정체성 정치에 의한 이런 비난은 당신은 이쪽에 있지 않으니 권리가 없다는 식이지요. 하나의 삶을 지닌 인간으로서 백인 크레올이 짊어진 역사의 짐은 과연 무엇일까요? 또는 사회 비판적인 힌두 카스트의 짐은요? 마르크스는 그저 부르주아 이데올로그였던가요? 이런 질문들은 얼굴 없는 집단으로서의 흑인들에게 친절해지기만 해도 덮이는 것들이에요. 전도에 의한 인종주의의 정당화랄까요. 뉴욕 현대 미술관의 대기실에는 작은 조각품이 하나 있지요. 단순히 하나의 미장 아빔인 이것은 앞뒤로 반사하는 두 거울로 이루어져 있어요. 이 소품에 의해 저 질문들이 재현되네요. 누군가에게는 이익이고 누군가에게는 손해라 합시다. 하지만 그럴 때 과연 누구에게 손해고 누구에게 이익인 걸까요. 게다가 손해를 보는 게 이익을 보는 것보다 나은 경우도 언제든 가능해요. 하나의 이익이 있으면 거기서 끝이라고 생각하는 건 나쁜 지도자와 정치인이지요. 손해가 커지기 시작할 때 이런 자들은 위기를 관리하려 들고 다른 사람들은 감내합니다. 전혀 상이한 종류의 방식인 것이지요. 투박한 문제들과 무관해 보이는『서머타임』같은 텍스트들이 건드리는 건 해법들을 영구히 해지하는 문제들을 진술할 수조차 없다는 불가능성이에요.

따라서 요약하기가 허용된 학자들이 명백히 틀렸다는 점을 보여 주는 것이 첫 걸음이에요. 소피는 여성이라서 관계에 대해 말하는 것이 허용되지만, 그녀 역시 잘못을 범해요. 그녀가 잘못을 범한다는 것을 우리는 어떻게 아나요? 텍스트의 미궁을 다시 들여다봅시다. 장차 무엇을 해야 할지를 독자에게 제시하지 않는 어느 단장에서 교육이 묘사돼요. 두드러지는 단장이고, 여기에 나오길 그를 몬테소리 학교에 보낸 이는 그의 모친이에요. 만약 칼뱅주의자 학교 선생들이 "그를 키워 내는 데 성공했더라면"(앞서 소피는 그가 칼뱅주의자라고 말했어요. 존 쿳시는 소피가 이렇게 말했다는 것을 알지 못하지요. J. M. 쿳시는 소피가 이렇게 말했다는 걸 우리가 보도록 배치해 놓았고요) "그는 훨씬 더 쉽게 그들의 일원이 되어 손에 자를 쥐고 침묵하는 아이들의 줄을 감독하면서 지나갈 때마다 아이들 책상을 툭툭 건드리며 누가 대장인지를 아이들에게 환기시켰을 터이다"(S: 254〔395〕). 이는 앞선 단장들을 침식하지요. "예컨대 세상에서 성공해 행복한 가정을 꾸리고 근사한 집과 BMW를 갖길 원한다면 노력해야 할 일은 사물을 이해하는 것이 아니다"(S: 14〔26〕). 저자는 팔루스 중심적인 타자 규범성에 대한 비판을 연출하려 해요. 서두에서 틀을 잡아 준 단장들과 이 규범성이 모순을 일으키도록 만들어 버리는 거예요. 이 단장들에는 독자에게 던지는 다양한 종류의 주장이 담겨 있어요. 결혼할 수 있음, 제대로 된 아내를 가짐, 제대로 된 남편임, 제대로 된 저녁 테이블을 누림, 제대로 된 아이를 가짐 등등에 대한 이 숙고에 있어 '그'He라는 것은 나쁜 단어예요. 거의 끝에 가서 하나의 스토리 또는 소설로서는 별난 단조로운 관념이 나와요. 자신의 죽음에 대한 일종의 통제하기 또는 재현하기가 자살이라고 제시되지요. 별난 유형의 자살이에요. 몸이 굴복할 때까지 헤엄치고 헤엄치고 헤엄치고 헤엄쳐 대해로 나갈 테니까요. 심지어 그는 이렇게 되지 않을 거라는 것도 알아요. 그게 우리가 끝나는 방식이지요. 우리는 하나의 스토리에 대한 별나게 비틀거리는 관념으로 끝나요. 이런 관념이 작동할 수도 있겠지만, 여기서는 아닙니다.

물론 마르곳으로 끝나는 풍부한 서사가 있어요. 그녀는 남아프리카에 남아 있을 뿐 아니라 오늘날 남아 있는 다소 봉건적인 사람이기도 한 유일한 인물이지요. 『남과 북』의 손튼처럼 그녀는 선량하고 사회화된 자본 투자—농기업—를 운영하고자 노력해요. 하지만 이 농장은 모든 사람에게 친절하다 보니 잘 돌아가질 않아요. 이런 게 봉건적이에요. 그래서 이렇게 묻지요. "사람이 꼭 여기서 살아야만 하도록 되어 있는 것도 아니고 이 장소를 인간화하려는 기획이 애시당초 오해였다면 우리는 왜 따분한 노역을 하며 인생을 보내는 거지?"(S: 140〔219〕) 이것이 엄격한 정치 원리에 비춰 탁월한 건 아니지요. 그래도 저명한 저자가 이것을 더 많은 동의를 얻을 만한 일로 제시하려 하고 있어요. 정작 다음 에피소드에 나오는 건 마리오의 살해라는 폭력이에요. 저 대목은 이처럼 모순들의 조립으로 끝나지요. 그리고 줄곧 과도하게 성적인 사태가 진행돼요. 여기서 주인공 인물은 얽혀 있는 것들을 해지해 보려고 꾸준히 노력하면서, 아드리아나에게는 끔찍하고 멍청한 수작을 걸고, 줄리아가 "내가 만약 독신이었다면 나랑 결혼했을까요?"라고 말하자 꽉 포옹해요. 그는 보통의 이성애자 남성이 하는 짓을 해요. 그 노래에도 나오듯이 거부당할수록 거부하는 이의 테크닉을 더 좋아하는 짓을요.[5] 그가 마르곳에게 하는 짓이 그런 거예요. 마르곳이 그를 안을 때 그는 그걸 받아들일 수 없어요. 그는 여성적인 신체성을 바라본다는 의미에서 사랑에 빠져요. 모두가 그가 동성애자라고 생각하지요. "그는 뭘까"라는 질문도 여전히 계속 남아요. 저 대목은 사랑할 수 있는 그의 능력에 관해 마르곳이 말하는 걸로 끝나요. 그들은 서로 상식적인 정중한 말투를 다시 써요. 자동차에서 흥미롭고도 중요한 방식으로 섹스하지요. 하지만 문자 그대로 섹스를 하지는 않아요. '함께 자기'를 하지요. 텍스트 차원에서 중요한 에피소드예요.

예술을 위한 예술이 아니에요. 젠더와 영토인 것이지요. 정치적 올바름 너머의 진실에 대한 관심으로 전위되는 자기-지시성이고요. 그러므로 책 자체의 끝에 이르렀을 때 그것을 하나의 인습적인 끝으로 받아들일 수는 없어요. 그 끝은 또한 펼쳐져야 하지요. 이 책에서는 가부장적인 이성애자 남성의 오이디푸스 욕망이에요. 오이디푸스는 무엇일까요? 영향 불안을 극복하는 것, 아비를 거부할 수 있는 것, 어미와의 잠자리를 모면하는 것 등 가부장제를 대표하는 스토리*the patriarchal story*예요. 언제나 하부 텍스트로 거기에 있는 스토리지요. 어미는 사이에 들어 있었어요. 중요한 '끝'은 중간에 남아 있지요. 여성적인 전환사인 그녀의 어미를 통해 작동하면서요. 내 아비가 아니에요. 내 어미도 아니고요. 그녀의 어미입니다.

5 Pat Boone, "Technique" by Johnny Mercer on *Four by Pat*, Dot DEP-1057, 1957, single 7" EP.

(데리다의 『조종』〔1974〕에서는 동성애 남성〔장 주네〕의 모친이 부칭the patronymic의 부재 안에서 포착될 수 없어요. 텍스트의 신체 안에서, '그녀'를 뜻하는 프랑스어 전환사 엘 elle의 재현인 L 자 모양의 빈 공간이 생기지요.) 이것은 훨씬 더 나아갑니다. 그녀의 어미는 오이디푸스 콤플렉스적인 것에서 가능한 한 가장 먼 곳에 있어요. "그녀는 나를 알지 못할 거야." "그대로 둘 수 있느냐는 거예요." 그리고 마르곳은 요컨대 '내가 봐야만 해'라고 말해요. 열린 결말이에요. 기록할 수 있음을 재현하려는 욕망이고요. 반면에 『조종』에는 이렇게 되어 있네요. "우리는 퀴어 남성의 어미를 알 수 없지만 그래도 하나의 기호를 만들 수는 있다." 아비는 기호며 세대에서 세대로 이어지는 성을 준다고 가부장 체계는 말하고 있어요. 어미에 관해서는 아이를 생산하는 생리혈의 중단일 뿐이라는 것이지요. 그건 흔적이에요. 피로 기록되는 것, 처음에는 중지되었다가 나중에 회복되는 것이지요. 그 중간에 하나의 만들기가 있고요. 달리 말해 피의 흐름은 생식에서 생식으로 이름 없이 지속된다는 이것은 하나의 성 차별적 입장이에요.

　그런 입장을 택할 수 있지요. 왕관 쓰듯 쓸 수도 있고요. 그 입장과 더불어 초래되는 모든 사회 문제에 주목하지 않으면서요. 바로 그러한 것이 『서머타임』의 구조화 안에서 일어나는 일이에요. 강간으로 밴 아이를 받아들이고 아무 것도 없이 시작하는 영웅적인 레즈비언이 나오는 『추락』을 받아들이기가 어렵다면, 그건 우리가 모두 비극적 영웅일 수는 없기 때문이지요. 이번엔 2차 시도예요. 성스러운 공간으로서의 시골과 연관된 온화하고 착한 여성, 여전히 봉건적이며 인간화를 위해 노력하지만 실패가 꼭 '유색인'들의 결함 탓만은 아님을 이해하는 여성이 있지요. 책 자체가 유색인에 대한 소피의 요약으로 끝날 수는 없어요. "그녀는 나를 알지 못할 거야"로 끝나야만 하지요. 그리고 "그대로 둘 수 있느냐는 거예요". 이어 마르곳이 말하는 걸로요.

또 다른 끝은 오이디푸스예요. 오이디푸스의 완수는 아니지만요. 그는 자기 아비를 죽일 수 없지요. 그래도 이건 결정할 수 없는 균열이에요. "다른 선택이 없어요, 아버지. 저는 당신을 떠나야만 해요." 그의 아비는 뇌막암 수술을 받았어요. 그러니 환자를 돌봐야만 하고 그럴 수 있는 건 그 하나뿐이에요. "저는 당신을 떠나야만 해요, 그렇지 않으면 믿을 수 없이 복잡한 방식으로 제 삶이 왜소해질 수밖에 없어요." 이는 부친 살해의 재현이지요. 이것은 현대인의 진부한 곤경인데, 거기에 맞서 옛것을 추켜들고 '그때가 좋았지'라고 말할 수는 없어요. 황금 시대란 부조리하기 때문이지요. 이것은 오이디푸스적인 상황에 대한 하나의 재현일 따름이에요. 기록할 수 있음을 재현하려는 욕망 때문이지요. 오이디푸스 콤플렉스는 역사예요. 피에 담긴 어미의 흔적은 종species이고요. 재생산의 타자 규범성의 담론은 우리의 가장 오래된 제도입니다. 이것에도 접근하고는 있지만 정신 분석적으로 하는 건 아니에요. 텍스트에서 정신과 의사shrink는 바로 첫 장에서 그녀의 자리에 놓여요. 심지어 이것은 심층 인유법으로서의 상호 텍스트성을 억제하는 일반적 테크닉 안에 배치될 수 있지요. '비공인 전기를 위한 노트'를 준비한달까요.

이제 종별화되지 않은 잉글랜드, 파리, 셰필드가, 이어

토카이라 불리는 종별화되지 않은 지역. '보세요.' 마르곳 섹션에는 약간의 아프리칸스어가 나오지요. 코우프koup 는 코이족 단어라고, 아프리칸스어 혹은 줄루족 언어 또는 거대 아프리카 언어 중 어느 것에도 속하지 않고 유색인들에게 속한다고 그가 말해 줘요. 그들이 웨스턴 케이프주를 떠나기 시작했다고 하지요. 그의 어미는 노던 케이프주 출신이라고 하고요. 무엇이 서린 케이프일까요? 희망. 왜? 그곳으로 돌아서 가면 인도 항로가 가능했으니까요. 왜 인도 항로일까요? 유럽은 무너졌어요. 콘스탄티노플은 오스만 제국이 장악했지요. 수에즈는 닫혔고요. 그러니 다른 길을 찾아야만 하거든요. 일주, 희망의 케이프〔희망봉〕Cape of Good Hope, 식민주의, 다른 길로 가는 콜럼버스, 오늘날까지도 이어지는 오스만 제국 선망, 우리에게 오는 대안적 루트들을 이토록 찾고 있는 겁니다(이 책에서 저는 인도인들에게 말하는 인도인이에요!).『서머타임』이 영토에 대한 하나의 우화임을 잊지 맙시다.『서머타임』에 함유된 것과 같은 그러한 우화는 보편화될 수 있지만 보편적이지는 않아요. 달리 말해 오늘날 글로벌화될 수는 있지만 '세계 문학' 명예의 전당 후보는 아니라는 게지요.

쿳시는, 그가 누구건 간에, 텍스트에 의해 구원되길 원해요. 그가 남아프리카를 떠난 건 (물론 잘못된 것일 수도 있지만 대부분 생각하기를)『추락』을 읽어 낼 줄 모르던 아프리카 민족 회의가 그를 인종주의자로 암시했기 때문이에요. 그는 오스트레일리아로 떠났지요. 거기서 그는 존 쿳시가 죽었다고 말해요. 이건 그저 놀이를 하는 게 아니에요. 루소에 관해 쓰고 있는 1984년의 쿳시도 확실히 아니고요.[6] 사람들의 이동이라는 견지에서 보자면 영토성에 대한 우화라는 관념은 단순히 동형적인 식민적 이동이 아니에요. 우리가 인도-미국식 포스트식민주의를 모델로 삼을 경우에는 이해할 법한 그런 동형적인 식민적 이동 말이지요. 보어인은 잉글랜드인과 상이하고, 코이족 사람 역시 상이하지요. 모든 것이 재생산의 타자 규범성의 우화 안에 포함돼요. 재생산의 타자 규범성의 우화가 이 다른 우화를 포함한다는 것이지요.

텍스트와 서사 양자를 통해 중요한 방식으로 두 우화 모두에 접근하게 되지요. 볼로시노프식으로 사용된 간접 화법이 있지요.[7] 또한 『꿈의 해석』(1899)에서 프로이트가 한 지적을 언급할 수도 있고요. 꿈을 해석해 해석 욕망을 충족할 수 있도록 쉬운 꿈들을 꾸는 것에 관해 프로이트가 지적하지요.[8] 그러한 것이 이 저자가 이처럼 '포스트모던'하고 메타 서사적인 이론을 여기서 사용하는 방식이에요. 그러

6 Coetzee, *Truth in Autobiography*, Cape Town: University of Cape Town, 1984.

7 V. N. Volosinov, "Exposition of the Problem of Reported Speech" in *Marxism and the Philosophy of Language*, Ladislav Matejka and I. R. Titunik trans., Cambridge, MA: Harvard University Press, 1986(1973), pp.115~123(「타자의 말에 대한 문제」, 『언어와 이데올로기』, 송기한 옮김, 푸른사상, 2005).

8 Freud, "The Psychology of the Dream-Processes", in *The Standard Edition of the Complete Psychological Works of Sigmund Freud*, James Strachey ed., Vol.4, *The Interpretation of Dreams*(*First Part*), James Strachey with Anna Freud, Alix Strachey and Alan Tyson trans., London: Hogarth, 1958, pp.509~610(「꿈-과정의 심리학」, 『꿈의 해석』(개정판), 김인순 옮김, 열린책들, 2020).

한 이론의 사용은 그 자체가 신호예요. 그리고 우리가 어떤 복합적 전체에 다가가도록 도와주지요. 말하자면, 진실의 자리, 『추락』 다시 쓰기, 비극 영웅으로서의 코딜리어/루시에게서 떨어져 나오기, 저 나름의 결점을 지닌 여성을 향하기, 역사에 의해 표시되는 봉건주의의 짐, 재생산의 타자 규범성 우화 등에 다가가도록 말입니다. 요컨대 가족 부양에 무능해 보이는 한 남자를 설명해 내는 것이지요.[9]

9   쿳시의 인생사와 남아프리카 모두에 준거하는 읽기를 통해 이것에 살을 붙이기 위해서는 David Attwell, "Trauma Refracted: J. M. Coetzee's *Summertime*" in Michela Borzaga and Ewald Mengel eds., *Trauma, Memory and Narrative in the Contemporary South African Novel*, Amsterdam: Rodopi, 2012, pp. 283~294를 보라. 다른 면에서는 탁월한 이 논문을 참조하면서 몇 가지를 당부하고 싶다. 내 읽기에서는 "토카이에서의 삶"(287)을 묘사하기 위한 형용사 "감상적인" 따위는 적절하지 않을 테고, 애트웰의 일부 지적은 소피와 마틴의 요약과 너무 가깝다. 또한 나는 『서머타임』을 하나의 회고록으로 읽지 않으며, 애트웰이 "평범한 사실"이라고 보는 것들이 내게는 텍스트화된 것이다. 애트웰이 "작가의 분신"writerly persona을 상기시키는 것은, 기록할 수 있음the writable—이것이 바르트의 기록할 수 있음scriptible에 더 적합하다—의 불가능한 재현을 향한 보편적 욕망에 대한 내 확신과 상충한다. 또한 쿳시가 여성 화자들의 서사성을 상상하려 시도하는 것이 자신을 위한 에피스테몰로지 수행이라고 나는 생각하고자 하며 그래서 이것이 그의 다른 소설 다수로도 확장될 수 있다고 믿는다. 마지막으로 쿳시의 전기적인 모친의 삭제를 나는 일종의 결산이라고 보지 않는다. 차라리 내가 제안하는 것은—그녀의 어미〔를 통한〕—재생산의 타자 규범성에의 관여를, 움츠러든 오이디푸스로 오이디푸스 콤플렉스를 재연하는 걸로 보자는 것이다. 쿳시에 관한 애트웰의 일관된 작업이 지녀 마땅한 권위를 내가 존중하기에 이토록 길게 그의 글을 다뤘다는 점을 서둘러 부언하는 바다.

질문들

1 비평적 내밀함

본서 서두에서 언급했던 몇 가지를 여기서 재고해 봅시다. 문학 텍스트와의 비평적 내밀함을 확립하는 것과 정전적인 설명 텍스트와의 비평적 내밀함을 확립하는 것, 이 둘을 어떻게 구별할까요? 제 전공 분야는 문학 비평이에요. 저는 모든 걸 그런 식으로 읽어요. 저 자신의 읽기는 다른 이들이 묘사해 주길 바라요. 여하튼 텍스트의 프로토콜에 들어가려고 시도하는 걸 저는 피할 수가 없어요. 제 학생들과 저 자신에게 환기하는 건 단 하나예요. 설명 텍스트에 대립하는 것으로서의 문학 텍스트에서는 진실성을 자기 것으로 삼기와 맺는 관계가 설명 텍스트에서와는 상이하다는 것이지요. 제가 재직하고 있는 컬럼비아 대학에서 총파업을 주제로 세미나를 열고 『남과 북』, 로자 룩셈부르크, 두 보이스, 간디와 타고르, 벤야민, 소렐, 데리다, 그리고 다시 소설인 틸리 올슨의 『내게 수수께끼를 말해 줘』(1961)를 읽었어요. 저는 학생들에게 거듭 말했지요. 텍스트들에서 진실성을 자기 것으로 삼기는 상이하다고요(이것은 비-모순을 보편적인 것으로 재현하는 것과 연관되는데, 그리하여 사람들은 『서머타임』의 마르곳에게서 진실의 자리를 인정할 수 있는 것이지요). 이렇게 부언했어요. "텍스트의 초대는 상이한 방식으로 진실성과 연관된다는 것을 언제나 유념하세요. 그리고 우리는 문학 텍스트가 그저 입증될 수 없는 것이라고 치부해서는 안 돼요. 거기에도 일종의 진실을-자기 것으로 삼기 즉 타당성을-자기 것으로 삼기가 있지요."

로자 룩셈부르크의『대중 파업』(1906)은 독일 사회 민
주당SPD에 러시아의 교훈을, 유럽 최강의 이 좌파 정당—
마르크스 자신의 정당—에 러시아에서 1892년과 1905년
사이에 일어났던 일을 어떻게 읽을 것인지를 가르치고자
합니다. 이는 진실한 읽기를 주려는 욕망이었어요. SPD가
앎을 통해 권력의 위치에서 빠져나오는 걸 도우려는 욕망
이었지요. 로자 룩셈부르크에 관한 한 학생의 발표문을 읽
었을 때 우리는 그 학생이 할 수 있었던 전부가 이미지들에
대한 논평임을 알았어요. 그 학생은 텍스트의 프로토콜에
들어가지 못했지요. 이 텍스트는 노조 운동, 정당, 부유한
프롤레타리아들, 하층 프롤레타리아들, 다양한 챕터에서
언급된 각각의 집단에 러시아에서 일어난 일을 어떻게 읽
을지를, 그리고 가깝고 먼 미래에 어떻게 상호 작용할지를
가르치려는 것이었고요. 다른 측면에서 말하자면 그런 종
류의 요약만 읽은 사람은 간과하게 되는 것이 있지요. 예컨
대 텍스트 끝에서 룩셈부르크는 일종의 영원 회귀를 제시
해요. 때때로 총파업의 인화점에 불이 붙는 일이 벌어지리
라는 것이지요. 그리하여 당을 생각할 수 있는 프롤레타리
아트 중에서 상대적으로 순조롭게 상향 이동한 부문과 당
과 노조가 그러한 이동엔 광기와 나쁜 정치가 놓여 있음을
다시 이해하게 된다는 겁니다.

결정할 수 없음과 싸우면서 미래를 내다보는 건 또한 기
록할 수 있음을 재현하고자 욕망하는 것이에요. 이 경우엔
역사의 광대한 흐름을 재현하려는 것이지요. 조심스럽게
프로토콜에 들어간다는 생각은 텍스트에 설정된 사적인
문법을 살펴본다는 거예요. 예컨대 룩셈부르크가 마르크

스와 엥겔스에게 문제를 제기하기 위해 논증보다는 반복을 사용하는 것이 그런 사적인 문법이지요. 엥겔스가 총파업과 바쿠닌, 기타 등등을 폄하하는 『안티-뒤링』(1878)의 어마어마한 조롱에 비하면 반복의 단순한 힘이 수사학적으로 더 나아요. 마르크스와 엥겔스의 논지는 총파업이 불필요하다는 거예요. 노동 계급이 총파업에 나설 정도로 준비가 되어 있다면 굳이 총파업이 필요하지 않을 테니까요. 룩셈부르크는 사회 정의와 혁명을 놓고 대가들과 다투려 하지 않아요. 그녀는 가르침의 또 다른 기술을 밀지요. 반복하고 또 반복하는 기술을요. 그녀는 믿기 어려운 이 리스트들을 반복해요. 숱한 공장, 숱한 장소, 숱한 세월, 거듭해 다시, 새로운 리스트들, 새로운 요구들, 새로운 승리들.

예컨대 칸트의 철학 텍스트들의 프로토콜에 들어가면 그가 그룬트자츠Grundsatz라고 말할 때 뜻하는 것이 철학하는 주체의 프로그래밍 안에 있는 정립하는 조건들임을 알게 됩니다. 그가 프린치프Prinzip라고 말할 때 뜻하는 것은 오성이 건드릴 수 없는 순수 이성적 원리예요. 그는 이런 식으로 라틴어를 사용해요. 마르크스의 라틴어 사용과 흡사하지요. 칸트와 헤겔 그리고 마르크스는—독일의 고전적 전통 안에 있는 다른 철학자들 역시 그렇다고 저는 확신하는데—정확한 구조적 장소라는 의미로 다스 페어헬트니스das Verhältnis를, 단순히 그냥 관계라는 뜻으로 디 베치훙die Beziehung을 사용합니다. 이런 프로토콜들이 모든 유형의 텍스트에 적용되는 반드시 합리적인 규칙은 아니에요. 그렇지만 우리가 이 프로토콜들을 알지 못하면 그 텍스트의 메시지를 읽어 내기 어려울 겁니다.

이러한 비평적 내밀함 같은 무언가를 확보하게 되면 (인종주의자로서의 칸트, 자본주의자로서의 헤겔, 성 차별주의자로서의 파농을) 변명하는 입장에 놓이지 않지요. (인종주의자로서의 마르크스, 성 차별주의자로서의 소크라테스, 계급주의자로서의 네루를) 비난하는 입장에 놓이지도 않고요. 오히려 텍스트를 굴리고 사용할 수 있다고, 다시 말해 목전의 기획을 위해 텍스트에 담긴 최상의 에너지를 사용할 수 있다고 생각하는 자리를 찾아내지요.

변명도 말고 비난도 마세요. 입구를 확보하세요. 이건 철학이고 이건 문학이라는 식의 총칭적인 차이들은 우리처럼 문학적인 읽기로 훈련받은 사람에게는 여러모로 부수적이에요. 적어도 저로서는 그냥 읽기가 있는 거예요. 종별적으로 '문학적인' 읽기라는 건 이제 없어요. 물론 읽기는 전공 분야에 의존하지요. 저는 철학함을 할 수 없고, 역사가처럼 쓸 수 없으며, 인류학적인 호기심이 없어요. 다른 이들은 저를 학제적이라고 부르는데 늘 그 이유가 궁금해요. 제가 가르치는 학생들에게 말할 수 있는 건 이게 전부예요. 요컨대 진실함을 명확하게 자기 것으로 삼으세요. 진실함을 존중한 뒤에야 변명이든 비난이든 사용이든 하세요. 하지만 문학의 경우에 문학이란 문학 자체를 위한 것이라고 말하고 싶은 욕망에 굴하지 마세요. 그런 건 우리에게 최상이 아니었던 시공간에서 나와요. 자본주의가 태동하던 시기에 시작한 칸트조차 말하지요. 미학적인 것 안에서 우리는 객관적인 받침 없이 재현하는 능력을 누릴 수 있다고요. 그러한 것이 우리가 판단을 행할 수 있는 유일한 길이라고요.

이제 철학과 문학을 구별해야 한다는 요청에 답해야겠네요. 정녕 대답은 단 세 마디예요. 전 알지 못해요.

마무리

서두에서 언급한 무장벽성을 상기해 주세요. 오늘날, 경험적으로, 자본은 지구 전역에서 무장벽 방식으로 이동하지요. 이 무장벽성은 하나의 수행적 모순에 의해 장벽을 그대로 유지해야만 해요. 그런 무장벽성을 생산 양식의 초-도덕적 조건으로, 우리를 움직이는 조건으로 간주할 수 있지요. 우리는 영어로 된 무장벽 비교 문학을 제안하는 데 이조건을 사용할 수 있고요. 이 비교 문학은〔낡은 언어를 새로운 맥락에서 사용하는〕팔레오니미palaeonymy에 전념함으로써 언어적 장벽들을 그대로 유지하고자 시도하지요.

'글로벌 영어가 나를 죽여!'라고 말하느니 차라리 그것을 잡고 움직여 보세요. 그러면 여러분이 돌파하는 저 장벽들을 그대로 둔 채로 여타 인도 언어―여러분의 모어가 아니라―에 들어갈 수 있어요. 무장벽성에 대해 생각만 한다면 부적합한 영어 번역들 안에서 맴돌 테니까요.

마무리 자리이니 하나 더 환기하겠습니다. 헤겔의 『정신현상학』을 연쇄적인 서사일 뿐 아니라 공간적인 에피스테메 도식이기도 한 것으로 다루기. 그런 유형의 도식 직관은 칸트에게도 있어요. 칸트는 자신의 에피스테메 도식 안에서 은총 그 자체 또는 오히려 은총의 효과를 사용하지요. 사유하는 정신의 그림 안에 있는 하나의 공간이랄까요. 그리고『서머타임』안에서, 기도에 대한 관념 안에서, 마르곳은 텍스트적 욕망을 충족하려 노력하면서 말하게 돼요. 기도라는 움직임은 나쁜 짓이 아니라고요. 칸트에게는 단순한 이성(합리적 선택?)이 "도덕적으로 게으른" 것이고 마이너스 대신에 플러스를 놓으려고 노력하는 것에 불과하기 때문에 은총의 효과를 향한 작은 여지가 있어야만 해요. 이 여지는 은총의 원인을 향한 것이 아니에요. 실천 이성이 원인을 말하도록 단순히 프로그램되어 있으니까요. 어디까지나 효과를 향한 것이지요. 읽기란 합리적 행태에 의한 이해일 뿐 아니라 강박당한 기도이기도 하다는 제 구상으로 이러한 권고가 조용히 들어왔다고 봐요. 이건 단순한 비평적 내밀함 그 이상이지요. 일단 우리가 이 어려운 시도에 나서게 되면, 대가가 변변치 않더라도, 비웃음을 사더라도, 적대적인 정치체 안에 있더라도, 문학 교사의 임무는, 가장 넓은 의미에서, 이 미친, 경쟁적인, 대량 학살적인, 민족주의적인 자리를 지구촌 나라 중 한 나라 같은 어떤 것으로 회복시키는 일이지요. 우리는 우리가 '최고'여야 할 민족 해방 국면에 있는 것이 아니에요. 우리는 민족 해방도 경쟁도 '혁명'이 아님을 알아요. 그러므로 텍스트로서의 나라에 강박당한 기도를 통해 우리는 모델로서의 승리보다는 평등으로 다가갑니다. 실로 우리가 만일 비-종교적 기도라는 더 넓은 구조적 모델에 은총이 끼치는 효과에 대한 칸트의 관념을 긍정적으로 사보타주한다면, 그것이야말로 우리가 초월론적인 것을 부인하지 않고서도 세속주의의 위태로운 구조들을 살려 유지할 수 있도록 도와줄 거예요.

이중 구속을 환기하면 모순적인 지침에 주목하게 되지

요. 그래서 또한 텍스트가 여러분을 하나의 결정을 향해 어떻게 밀어붙이는지에, 이중 구속을 깨뜨리도록 어떻게 여러분을 구스르는지에 주목하게 되고요. 여러분이 미래에 이런 걸 누리길 바라요. 여러분이 자신의 것이든 그들의 것이든 여하튼 욕망들의 재배치에 착수하기에 충분할 정도로 타자(들)을 조심스럽게 읽는 이러한 훈련의 진지함을 깨닫게 될 바로 그 미래에 말입니다. 문자 그대로 취하세요. 모든 이를 여러분 자신으로 변환시키지 마시고요. 또 문학을 사회 현실 또는 이론의 증거로 변환시키지 마세요.

오류에서 배운다는 것이 또 다른 주요 논점이지요. 「서발턴은 말할 수 있는가?」는 그러한 배움 과정의 시작이었어요. 이 과정이 오늘의 저를 아주 상이한 자리로 데려왔고요. 과거의 과부 화장에서 현재의 일이자 미래를 위한 일이기도 한 아동 정신 변화로요. 여러분이 그 에세이를 칭찬하고 싶거든 이렇다는 걸 유념해 주세요. 저자의 지적 생애에서 그 글은 하나의 기념비로 남기보다는 오히려 문을 연다는 목적에 기여했거든요.

보존을 통해 원주민을 인류학적으로 대하기, 유네스코와 1994년 나라Nara 협정에 힘을 보태 문화 유산을 '진정한 것으로 만들기' 같은 자애로운 봉건성의 결함을 피하세요. 문학은 어떤 것에 대해서도 진정성을 인증하지 않아요. 증거에 입각한 진정성 인증에서 멀리 떨어져 나가지요. 어렵지만 거듭 배워야만 하는 교훈이에요.

어떤 텍스트에서 재현되는 욕망은 그것의 충족이 아님을 알아 두세요. 기록할 수 있음과 결정할 수 없음을 포착하려는 일반적인 욕망을 의식하세요.

마지막으로 말해 두고 싶군요. '이것이 인도야!'라고 제게 얘기하지 마세요. 여기서 그런 얘기가 나올 수 있어 하는 말입니다. 언어들을 배우길 원한다면 여러분은 배울 수 있어요. 계속 그렇게 하세요. 환영해 줘 고맙습니다.

Anderson, Benedict. *Imagined Communities: Reflections on the Origin and Spread of Nationalism*, London: Verso, 2006(1982)(『상상된 공동체: 민족주의의 기원과 보급에 대한 고찰』, 서지원 옮김, 길, 2018).

Attwell, David. "Trauma Refracted: J. M. Coetzee's *Summertime*" in Michela Borzaga and Ewald Mengel eds., *Trauma, Memory and Narrative in the Contemporary South African Novel*, Amsterdam: Rodopi, 2012, pp. 283~294.

B. E.. "Istanbul" in *Enclyclopædia Britannica*, Vol. 22, 15th edn, Chicago: Encyclopædia Britannica Inc., 1995, p. 148.

Barthes, Roland. "Introduction to the Structural Analysis of Narratives" in *Image Music Text*, Stephen Heath trans., London: Fontana, 1977, pp. 79~124.

_____. *S/Z*, Paris: Éditions du Seuil, 1970; *S/Z*, Richard Miller trans., London: Jonathan Cape, 1975(『S/Z』, 김웅권 옮김, 동문선, 2006).

Bateson, Gregory. "Double Bind, 1969" in *Steps to an Ecology of Mind*, New York: Ballentine Books, 1972, pp. 271~278(「이중 구속(1969)」, 『마음의 생태학』, 박대식 옮김, 책세상, 2006).

_____. "Toward a Theory of Schizophrenia" in *Steps to an Ecology of Mind*, New York: Ballentine Books, 1972, pp. 201~227(「정신 분열증의 이론을 위하여」, 『마음의 생태학』, 박대식 옮김, 책세상, 2006).

Benjamin, Walter. "Critique of Violence", Edmund Jephcott trans., in *Selected Writings, Vol. 1, 1913~1926*, Marcus Bullock and Michael W. Jennings eds., Cambridge, MA: Harvard University Press, 1996, pp. 236~252(「폭력 비판을 위하여」, 『역사의 개념에

대하여, 폭력 비판을 위하여, 초현실주의 외』, 최성만 옮김, 길, 2008〕.

_____. "Theses on the Philosophy of History" in *Illuminations*, Harry Zohn trans., London: Pimlico, 1999, pp.245~255〔「역사의 개념에 대하여」, 『역사의 개념에 대하여, 폭력 비판을 위하여, 초현실주의 외』, 최성만 옮김, 길, 2008〕.

Boone, Pat, "Technique" by Johnny Mercer on *Four by Pat*, Dot DEP-1057, 1957, single 7" EP.

Brontë, Charlotte. *Jane Eyre*, London: Smith, Elder, 1847.

Césaire, Aimé. *Une saison au Congo*, Paris: Éditions du Seuil, 1966; *A Season in the Congo*, Gayatri Chakravorty Spivak trans., Souleyman Bachir Diagne introd., London: Seagull Books, 2010.

Chatterjee, Partha. *Nationalist Thought and the Colonial World: A Derivative Discourse?* London: Zed Books for the United Nations, 1986〔『민족주의 사상과 식민지 세계』, 이광수 옮김, 그린비, 2013〕.

Chibber, Vivek. *Postcolonial Theory and the Specter of Capital*, New York: Verso, 2013.

Coetzee, J. M.. *Age of Iron*, New York: Penguin, 1990〔『철의 시대』, 왕은철 옮김, 문학동네, 2019〕.

_____. *Boyhood: Scenes from Provincial Life*, New York: Penguin, 1997〔『소년 시절』, 왕은철 옮김, 문학동네, 2018〕.

_____. *The Childhood of Jesus*, New York: Penguin, 2013.

_____. *Disgrace*, New York: Penguin, 1999〔『추락』, 왕은철 옮김, 동아일보사, 2004〕.

_____. *Dusklands*, New York: Penguin, 1982(1974)〔『어둠의 땅』, 왕은철 옮김, 들녘, 2006〕.

_____. *Foe*, New York: Penguin, 1986〔『포』, 조규형 옮김, 책세상, 2003〕.

_____. *The Life and Times of Michael K.*, New York: Penguin, 1983〔『마이클 K의 삶과 시대』, 왕은철 옮김, 문학동네, 2021〕.

_____. *Slow Man*, New York: Penguin, 2005〔『슬로우 맨』, 왕은철 옮김, 들녘, 2009〕.

_____. *Summertime: Scenes from Provincial Life*, New York: Penguin, 2009〔『서머타임』, 왕은철 옮김, 문학동네, 2019〕.

_____. *Truth in Autobiography*, Cape Town: University of Cape

Town, 1984.

_____. *Waiting for the Barbarians*, New York: Penguin, 1980[『야만인을 기다리며』, 왕은철 옮김, 문학동네, 2019].

_____. *Youth*, New York: Penguin, 2002[『청년 시절』, 왕은철 옮김, 문학동네, 2018].

Condé, Maryse. *Heremakhonon: A Novel*, Richard Philcox trans., Boulder, CO: Lynne Rienner, 1982.

Cortas, Wadad Makdisi. *A World I Loved: The Story of an Arab Woman*, New York: Nation Books, 2009.

Davutoğlu, Ahmet. interview by Scott MacLeod, *Cairo Review of Global Affairs*, 12 March 2012. http://www.aucegypt.edu/gapp/cairoreview/pages/articleDetails.aspx?aid=143에서 확인 가능(2014년 4월 18일 최종 확인).

Deleuze, Gilles, and Félix Guattari. *Anti-Oedipus: Capitalism and Schizophrenia*, Robert Hurley, Mark Seem, and Helen R. Lane trans., Minneapolis: University of Minnesota Press, 1983[『안티 오이디푸스: 자본주의와 분열증』, 김재인 옮김, 민음사, 2014].

Derrida, Jacques. "Force of Law: The 'Mystical Foundation of Authority'", Mary Quaintance trans. in David Gray Carlson, Drucilla Cornell and Michel Rosenfeld eds., *Deconstruction and the Possibility of Justice*, New York: Routledge, 1992, pp. 3~67 [『법의 힘』, 진태원 옮김, 민음사, 2004].

_____. *Glas*, John P. Leavy and Richard Rand trans., Lincoln: University of Nebraska Press, 1990(1974).

_____. *Of Spirit: Heidegger and the Question*, Geoffrey Bennington and Rachel Bowlby trans., Chicago: University of Chicago Press, 1989[『정신에 대해서』, 박찬국 옮김, 동문선, 2005].

_____. "The Violence of the Letter: From Lévi-Strauss to Rousseau" in *Of Grammatology*, Gayatri Chakravorty Spivak trans., Baltimore, MD: Johns Hopkins University Press, 1976, pp.101~140[「문자의 폭력: 레비스트로스에서 루소로」, 『그라마톨로지』(개정판), 김성도 옮김, 민음사, 2010].

Devi, Mahasweta. "Breast Giver" in *Breast Stories*, Gayatri Chakravorty Spivak trans., Calcutta: Seagull Books, 1997, pp. 39~76.

_____. "The Hunt" in *Imaginary Maps*, Gayatri Chakravorty Spivak trans., New York: Routledge, 1995, pp.1~18.

_____. "Pterodactyl, Puran Sahay, and Pirtha" in *Imaginary Maps*, Gayatri Chakravorty Spivak trans., New York: Routledge, 1995, pp.95~196.

Dickens, Charles. *Hard Times*, Cambridge: Riverside, 1869〔『어려운 시절』, 장남수 옮김, 창비, 2009〕.

Djebar, Assia. *Fantasia: An Algerian Cavalcade*, Dorothy S. Blair trans., London: Heinemann Educational Books, 1993〔『사랑, 판타지아』, 김지현 옮김, 책세상, 2015〕.

_____. *Far from Madina: Daughters of Ishmael*, Dorothy S. Blair trans., London: Quartet, 1994.

Du Bois, W. E. B.. *Black Reconstruction in America: Toward a History of the Part Which Black Folk Played in the Attempt to Reconstruct Democracy in America, 1860~1880*, San Diego, CA: Harcourt, Brace, 1935.

_____. "The Negro Mind Reaches Out" in Alain Locke ed., *The New Negro: Voices of the Harlem Renaissance*, New York: Atheneum, 1992, pp.385~414.

Engels, Friedrich. *Herr Eugen Dühring's Revolution in Science: Anti-Dühring*, Emile Burns trans., New York: International Publishers, 1935.

Fanon, Frantz. *Black Skin, White Masks*, Charles Lam Markmann trans., London: Pluto Press, 2008(1986)〔『검은 피부, 하얀 가면』(개정판), 노서경 옮김, 문학동네, 2022〕.

_____. *The Wretched of the Earth*, Richard Philcox trans., New York: Grove Press, 2004(1963)〔『대지의 저주받은 사람들』, 남경태 옮김, 그린비, 2010〕.

Foucault, Michel. "Le Dispositif de Sexualité" in *Histoire de la Sexualité 1: La Volonté de Savoir*, Paris: Éditions Gallimard, 1976, pp.107~173; "The Deployment of Sexuality" in *The History of Sexuality, Vol.1, The Will to Knowledge*, Robert Hurley trans., London: Penguin, 1978, pp.77~131〔「성생활의 장치」, 『성의 역사 1: 지식의 의지』(3판), 이규현 옮김, 나남, 2010〕.

_____. Preface to Gilles Deleuze and Félix Guattari, *Anti-Oedipus:*

Capitalism and Schizophrenia, Robert Hurley, Mark Seem, and Helen R. Lane trans., Minneapolis: University of Minnesota Press, 1983, pp. xi~xiv〔「서문」, 『안티 오이디푸스: 자본주의와 분열증』, 김재인 옮김, 민음사, 2014〕.

Freud, Sigmund. "Beyond the Pleasure Principle"(1920) in *The Standard Edition of the Complete Psychological Works of Sigmund Freud*, James Strachey ed., Vol. 18, *"Beyond the Pleasure Principle", "Group Psychology", and Other Works*, James Strachey with Anna Freud, Alix Strachey and Alan Tyson trans., London: Hogarth, 1955, pp. 7~64〔「쾌락 원칙을 넘어서」, 『정신 분석학의 근본 개념』(개정판), 윤희기, 박찬부 옮김, 열린책들, 2020〕.

_____. "The Psychology of the Dream-Processes", in *The Standard Edition of the Complete Psychological Works of Sigmund Freud*, James Strachey ed., Vol. 4, *The Interpretation of Dreams(First Part)*, James Strachey with Anna Freud, Alix Strachey and Alan Tyson trans., London: Hogarth, 1958, pp. 509~610〔「꿈-과정의 심리학」, 『꿈의 해석』(개정판), 김인순 옮김, 열린책들, 2020〕.

_____. "The Uncanny"(1919) in *The Standard Edition of the Complete Psychological Works of Sigmund Freud*, James Strachey ed., Vol. 17, *From the History of an Infantile Neurosis*, James Strachey with Anna Freud, Alix Strachey and Alan Tyson trans., London: Hogarth, 1955, pp. 217~256〔「두려운 낯섦」, 『예술, 문학, 정신 분석』(개정판), 정장진 옮김, 열린책들, 2020〕.

Gandhi, Mohandas K.. "The Poet's Anxiety" in Sabyasachi Bhattacharya ed., *The Mahatma and the Poet: Letters and Debates between Gandhi and Tagore, 1915~1941*, New Delhi: National Book Trust, 1997, p. 66.

Gaskell, Elizabeth. *North and South*, Alan Shelston ed., New York: W. W. Norton, 2005〔『남과 북』, 이미경 옮김, 문학과지성사, 2013〕.

Gramsci, Antonio. "On Education" in *Selections From The Prison Notebooks*, Quintin Hoare and Geoffrey Nowell Smith eds. and trans., London: Lawrence and Wishart, 1971, pp. 26~43〔「교육에 관하여」, 『그람시의 옥중 수고』 2권, 이상훈 옮김, 거름, 1999〕.

Habermas, Jürgen. "Conservative Politics, Work, Socialism and Utopia Today", interview by Hans-Ulrich Beck, 2 April 1983,

Peter Dews trans., in Peter Dews ed., *Autonomy and Solidarity: Interviews with Jürgen Habermas*, London: Verso, 1991, pp.131~146.

_____. "Modernity Versus Postmodernity", Seyla Ben-Habib trans., *New German Critique* 22, Winter 1981, pp.3~14.

Hegel, G. W. F.. *Phenomenology of Spirit*, A. V. Miller trans., Oxford: Oxford University Press, 1977〔『정신 현상학』, 임석진 옮김, 한길사, 2005〕.

Heidegger, Martin. "The Origin of the Work of Art" in *Poetry, Language, Thought*, Albert Hofstadter trans., New York: Harper Collins, 1971, pp.15~86〔「예술 작품의 근원」, 『숲길』, 신상희 옮김, 나남, 2008〕.

_____. *What is Called Thinking*, Fred D. Wieck and J. Glenn Gray trans., New York: Harper and Row, 1968〔『사유란 무엇인가』, 권순홍 옮김, 길, 2005〕.

Joyce, James. "The Dead" in *Dubliners*, New York: Viking, 1967(1914), pp.175~224〔「죽은 사람들」, 『더블린 사람들』, 성은애 옮김, 창비, 2019〕.

Kafka, Franz. *Letters to Freinds, Family and Editors*, Beverly Colman, Nahum N. Glatzer, Christopher J. Kuppig and Wolfgang Sauerland eds., Richard and Clara Winston trans., London: Oneworld Classics, 2011(1977)〔『행복한 불행한 이에게: 카프카의 편지 1900~1924』(개정판), 서용좌 옮김, 솔, 2017〕.

_____. *The Trial*, David Willey trans., New York: Dover Thrift Editions, 2003〔『소송』(개정판), 이주동 옮김, 솔, 2017〕.

Kakar, Sudhir. *The Inner World: A Psychoanalytic Study of Childhood and Society*, Delhi: Oxford University Press India, 1978.

Kant, Immanuel. "What Is Enlightenment?" in *Kant On History*, Lewis White Beck ed. and trans., New York: Macmillan, 1963, pp.3~10〔「계몽이란 무엇인가 하는 문제에 대한 답변」, 『계몽이란 무엇인가』, 임홍배 옮김, 길, 2020〕.

Lacan, Jacques. "The Subversion of the Subject and the Dialectic of Desire in the Freudian Unconscious" in *Écrits: A Selection*, Alan Sheridan trans., London: Routledge, 2001,

pp. 323~360〔「프로이트적 무의식에서의 주체의 전복과 욕망의
변증법」, 『에크리』, 홍준기, 이종영, 조형준, 김대진 옮김, 새물결,
2019〕.

Levi, Primo. "Comunicare" in *I Sommersi E I Salvati*, Torino:
Einaudi, 2007(1986); "Communicating" in *The Drowned and the
Saved*, London: Michael Joseph, 1988〔「소통하기」, 『가라앉은 자와
구조된 자』, 이소영 옮김, 돌베개, 2014〕.

_____. *Survival in Auschwitz, and The Reawakening*, Stuart Woolf
trans., New York: Summit Books, 1986〔『이것이 인간인가』,
이현경 옮김, 돌베개, 2007〕.

Levinas, Emmanuel. *Otherwise Than Being, or Beyond Essence*,
Alphonso Lingis trans., Pittsburgh, PA: Duquesne University
Press, 1998〔『존재와 달리 또는 존재성을 넘어』, 문성원 옮김,
그린비, 2021〕.

Lukács, György, *The Theory of the Novel*, Anna Bostock trans.,
Monmouth: Merlin, 1971〔『소설의 이론』, 김경식 옮김, 문예출판사,
2007〕.

Luxemburg, Rosa. *The Mass Strike*, Patrick Lavin trans., Detroit,
MI: Marxian Educational Society, 1925〔「대중 파업론」,
『룩셈부르크주의』, 풀무질 편집부 옮김, 풀무질, 2002〕.

Mackenzie, Jean K. ed., *Friends of Africa*, Cambridge, MA: United
Study of Foreign Missions, 1928.

Majumdar, Kamal Kumar. *Antarjali Jatra*(The Final Journey),
Calcutta: Subarnarekha, 1981.

Manto, Saadat Hasan. "Toba Tek Singh", Khalid Hasan trans. in
Memories of Madness: Stories of 1947, New Delhi: Penguin India,
2002, pp. 517~523.

Marais, Eugène. *My Friends the Baboons*, London: Blond and
Briggs, 1974(1939).

Marx, Karl. *Capital: A Critique of Political Economy*, Ben Fowkes
trans., Ernest Mandel introd., 2 Vols., New York: Vintage,
1977〔『자본론』(2015년 개역판), 김수행 옮김, 비봉출판사, 2015〕.

_____. *Economic and Philosophic Manuscripts of 1844*, Martin
Milligan trans., New York: Prometheus Books, 1988〔『경제학-
철학 수고』, 강유원 옮김, 이론과실천, 2006〕.

_____. *The Eighteenth Brumaire of Louis Bonaparte*, Clemens Dutt trans., in Karl Marx and Friedrich Engels, *Collected Works*, Vol.11, New York: International Publishers, 1990, pp.99~197〔「루이 보나빠르뜨의 브뤼메르 18일」, 『칼 맑스 프리드리히 엥겔스 저작 선집』 2권, 김태호 외 옮김, 박종철출판사, 1992〕.

_____. "Theses on Feuerbach(III)" in *Karl Marx and Frederick Engels: Selected Works*, Vol.2, Moscow: Foreign Languages Publishing House, 1962〔「포이에르바하에 관한 테제들」, 『칼 맑스 프리드리히 엥겔스 저작 선집』 1권, 김태호 외 옮김, 박종철출판사, 1991〕.

Melville, Herman. *Moby-Dick*, New York: Bantam Classic, 1981(1851)〔『모비 딕』, 황유원 옮김, 문학동네, 2019〕.

Naipaul, V. S.. *India: A Million Mutinies Now*, London: Heinemann, 1990.

_____. *The Mimic Men*, London: Penguin, 1987(1967)〔『흉내』, 정영목 옮김, 강, 1996〕.

Nietzsche, Friedrich. *On the Genealogy of Morals*, Walter Kaufmann and R. J. Hollingdale trans., New York: Random House, 1969〔『선악의 저편, 도덕의 계보』, 김정현 옮김, 책세상, 2002〕.

Olsen, Tillie. *Tell Me a Riddle*, Deborah Silverton Rosenfeld ed. and introd., New Brunswick, NJ: Rutgers University Press, 1995(1961).

Ovid. *Metamorphoses*, David Raeburn trans., London: Penguin, 2004〔『변신 이야기』, 천병희 옮김, 숲, 2017〕.

Proust, Marcel. *In Search of Lost Time*, C. K. Scott Moncrieff, Terence Kilmartin and Andreas Mayor trans., D. J. Enright revd., 7 Vols., New York: Random House, 1992(1922~1931)〔『잃어버린 시간을 찾아서』, 김희영 옮김, 민음사, 2012~2022〕.

Rhys, Jean. *Wild Sargasso Sea*, New York, W. W. Norton, 1966〔『광막한 사르가소 바다』, 윤정길 옮김, 펭귄클래식코리아, 2008〕.

Rilke, Rainer Maria. "l, 9" in *The Sonnets to Orpheus*, Leslie Norris and Alan Keele trans., Columbia, SC: Camden House, 1989, p.9〔「오르페우스에게 바치는 소네트」, 『릴케 전집 2권: 두이노의 비가

외』, 김재혁 옮김, 책세상, 2000).

Said, Edward. *Orientalism*, London: Penguin, 2003(1978)
 (『오리엔탈리즘』(개정 증보판), 박홍규 옮김, 교보문고, 2015).

Sanil V.. "Spivak: Philosophy"(lecture), Department of English,
 University of Pune, 11 December 2007.

Schiller, Friedrich. *On the Aesthetic Education of Man*, Reginald
 Snell trans., New York: Dover Publications, 2004(『프리드리히
 실러의 미적 교육론』, 윤선구, 이경희, 조경식, 하선규, 한진이 옮김,
 대화문화아카데미, 2015).

Sen, Aparna. *36 Chowringhee Lane*, DVD, Directed by Aparna Sen,
 Bombay: Eagle Distributors, 1981.

Shakespeare, William. *King Lear*, R. A. Foakes ed., The Arden
 Shakespeare Third Series, Walton-on-Thames: Nelson,
 1997(『리어 왕』, 박우수 옮김, 열린책들, 2012).

Soga, John Henderson. *The Ama-Xosa: Life and Customs*, Alice:
 Lovedale Press, 1932.

Spivak, Gayatri Chakravorty. "Can the Subaltern Speak?" in Cary
 Nelson and Lawrence Grossberg eds. and introd., *Marxism
 and the Interpretation of Culture*, Urbana: University of Illinois
 Press, pp.271~314(「서발턴은 말할 수 있는가?(초판본)」, 로절린드
 C. 모리스 엮음, 『서발턴은 말할 수 있는가?: 서발턴 개념의 역사에
 관한 성찰들』, 태혜숙 옮김, 그린비, 2013).

_____. "To Construct a Personal Past: Pages from a Memoir"(Dilip
 Kumar Roy Memorial Lecture), Sri Aurobindo Institute of
 Culture, Calcutta, 9 July 2010.

_____. "Getting a Grip on Gender"(lecture), Atelier Genre
 Condorcet, Paris, 10 July 2013.

_____. "Lie Down in the Karoo: An Antidote to the
 Anthropocene", review of *The Childhood of Jesus* by J. M.
 Coetzee, *Public Books*, 1 June 2014. Available at http://www.
 publicbooks.org/fiction/lie-down-in-the-karoo-an-
 antidote-to-the-anthropocene(2014년 8월 8일 최종 확인).

_____. *Nationalism and the Imagination*, London: Seagull Books,
 2010.

_____. "Nationalism and the Imagination" in *An Aesthetic*

Education in the Era of Globalization, Cambridge, MA: Harvard University Press, 2012, pp.275~300〔「민족주의와 상상력」, 『지구화 시대의 미학 교육』, 태혜숙 옮김, 북코리아, 2017〕.

_____. "Penny for the Old Guy", *Cambridge Review of International Affairs* 27(1), 2014, pp.184~198.

_____. "Planetarity" in *Death of a Discipline*, New York: Columbia University Press, 2003, pp.71~102〔「전지구성」, 『경계선 넘기』, 문화이론연구회 옮김, 인간사랑, 2008〕.

_____. "The Practice of Freedom Is Not Impractical", plenary lecture for the Annual Conference, L'Association Internationale de Littérature Comparée(AILC/ICLA), University of Paris-Sorbonne, France, 20 July 2013.

_____. "Preface to the Routledge Classics Edition" in *Outside in the Teaching Machine*, New York: Routledge, 2009, pp.xiii~xiv〔『교육 기계 안의 바깥에서』, 태혜숙 옮김, 갈무리, 2006〕.

_____. "Reading *De la grammatologie*", preface to *Reading Derrida's "Of Grammatology"*, Sean Gaston and Ian Maclachlan eds., London: Bloomsbury Academic, 2011, pp.xxix~xxxix.

_____. "Rethinking Comparativism", *New Literary History* 40(3), Summer 2009, pp.609~626〔「비교주의를 다시 생각하기」, 『지구화 시대의 미학 교육』, 태혜숙 옮김, 북코리아, 2017〕.

_____. "Righting Wrongs", *South Atlantic Quarterly* 103(2~3), Spring-Summer 2004, pp.523~581〔「잘못을 바로잡기」, 『다른 여러 아시아』, 태혜숙 옮김, 울력, 2011〕.

_____. "Terror: A Speech after 9/11", in *An Aesthetic Education in the Era of Globalization*, Cambridge, MA: Harvard University Press, 2012, pp.372~398〔「테러: 9·11 이후의 연설」, 『지구화 시대의 미학 교육』, 태혜숙 옮김, 북코리아, 2017〕.

_____. "Thinking about Edward Said: Pages from a Memoir", *Critical Inquiry* 31(2), Winter 2005, pp.519~525.

_____. "Three Women's Texts and a Critique of Imperialism", *Critical Inquiry* 12(1), Autumn 1985, pp.243~261〔『포스트식민 이성 비판: 사라져 가는 현재의 역사를 위하여』, 태혜숙, 박미선 옮김, 갈무리, 2005〕.

_____. "Translation as Culture", *Parallax* 6(1), 2000, pp.13~24

〔「문화로서의 번역」, 『지구화 시대의 미학 교육』, 태혜숙 옮김, 북코리아, 2017〕.

Sterne, Laurence. *The Life and Opinions of Tristram Shandy, Gentleman*, New York: Dover Publications, 2008(1759)〔『신사 트리스트럼 섄디의 인생과 생각 이야기』, 김정희 옮김, 을유문화사, 2012〕.

Stow, George. *Native Races of South Africa: A History of the Intrusion of the Hottentots and Bantu into the Hunting Grounds of the Bushmen, the Aborigines of the Country*, George McCall Theal ed., London: Swan Sonnenschein, 1905.

Tagore, Rabindranath. *The Home and the World*, Sreejata Guha trans., Swagata Ganguli introd., New Delhi: Penguin, 2005.

Thiong'o, Ngũgĩ wa. *Globalectics: Theory and the Politics of Knowing(Wellek Library Lectures)*, New York: Columbia University Press, 2012.

Viswanathan, Gauri. *Masks of Conquest: Literary Study and British Rule in India*, New York: Columbia University Press, 1989.

Volosinov, V. N.. "Exposition of the Problem of Reported Speech" in *Marxism and the Philosophy of Language*, Ladislav Matejka and I. R. Titunik trans., Cambridge, MA: Harvard University Press, 1986(1973), pp.115~123〔「타자의 말에 대한 문제」, 『언어와 이데올로기』, 송기한 옮김, 푸른사상, 2005〕.

Williams, Raymond. "The Industrial Novels" in *Culture and Society, 1780~1950*, London: Penguin, 1961(1958), pp.87~109.

Yeats, W. B.. "Byzantium" in *Collected Poems of W. B. Yeats*, London: Collector's Library, 2010〔「비잔티움」, 『예이츠 서정시 전집 3: 상상력』, 김상무 옮김, 서울대학교출판문화원, 2014〕.

_____. "He and She" in *Collected Poems of W. B. Yeats*, London: Collector's Library, 2010〔「그분과 그녀」, 『예이츠 서정시 전집 3: 상상력』, 김상무 옮김, 서울대학교출판문화원, 2014〕.

_____. "Sailing to Byzantium" in *Collected Poems of W. B. Yeats*, London: Collector's Library, 2010〔「비잔티움으로의 항해」, 『예이츠 서정시 전집 3: 상상력』, 김상무 옮김, 서울대학교출판문화원, 2014〕.

_____. "The Great Year of the Ancients" in *A Vision*, London:

Macmillan, 1962(1937), pp.243~266[「고대 문명의 대주기」, 『비전』, 이철 옮김, 시공사, 2013].

_____. "The Wild Swans At Coole" in *Collected Poems of W. B. Yeats*, London: Collector's Library, 2010[「쿨 호의 야생 백조들」, 『예이츠 서정시 전집 2: 사랑』, 김상무 옮김, 서울대학교출판문화원, 2014].

_____, and T. Sturge Moore. *Their Correspondence, 1901~1937*, Ursula Bridge ed., London: Routledge & Kegan Paul, 1953.

Ziahdeh, Khaled. *Neighbourhood and Boulevard: Reading through the Modern Arab City*, Samah Selim trans., New york: Palgrave Macmillan, 2011.

읽기

1판 1쇄 2022년 4월 5일 펴냄
1판 2쇄 2022년 4월 30일 펴냄

지은이 가야트리 차크라보르티 스피박. 옮긴이 안준범.
펴낸곳 리시올. 펴낸이 김효진. 제작 상지사.

리시올. 출판등록 2016년 10월 4일 제2016-000050호.
주소 서울시 마포구 희우정로16길 39-6, 401호.
전화 02-6085-1604. 팩스 02-6455-1604.
이메일 luciole.book@gmail.com.
블로그 playtime.blog.

ISBN 979-11-90292-14-6 93100